BESCHERELLE

La grammaire pour tous

Dictionnaire de la grammaire
en 27 chapitres

Index des difficultés grammaticales

HURTUBISE
HMH

Révision :
Cécile Dubé, Hélène Guérard, Suzanne Teasdale

© Copyright 1998 Éditions Hurtubise HMH ltée
Tous droits réservés. Toute reproduction, traduction
ou adaptation, en tout ou en partie,
par quelque procédé que ce soit, est strictement
interdite sans l'autorisation préalable de l'Éditeur.

Éditions Hurtubise HMH ltée
1815, avenue De Lorimier
Montréal (Québec)
H2K 3W6 Canada
Téléphone: (514) 523-1523
Télécopieur: (514) 523-9969

ISBN 2-89428-261-3
Dépôt légal — 1er trimestre 1998
Bibliothèque nationale du Québec
Bibliothèque nationale du Canada

AVANT-PROPOS

Quels sont les objectifs de *La Grammaire pour tous* ?

La Grammaire pour tous, ouvrage simple et complet, tente le pari difficile de répondre à trois types de questions que peuvent se poser élèves, enseignantes et enseignants, parents ou grand public.

1. Comment s'y reconnaître parmi des termes grammaticaux de plus en plus nombreux, divers, les uns récemment introduits, les autres plus traditionnels ?

2. Quelles sont les différentes manières d'analyser une phrase, de reconnaître une fonction ? Sont-elles exclusives les unes des autres ou au contraire complémentaires ?

3. Comment résoudre les problèmes pratiques tels que l'accord du participe passé, le pluriel des adjectifs composés, l'emploi du subjonctif, etc. ?

À qui s'adresse *La Grammaire pour tous* ?

La Grammaire pour tous a été conçue de façon à pouvoir être utilisée par le plus large public possible.

Aux élèves, elle permet de maîtriser les notions grammaticales, les procédures d'analyse, et d'en percevoir l'utilité.

Aux parents, elle permet de faire le lien entre une grammaire dite traditionnelle, qu'ils ont apprise au cours de leur scolarité, et les analyses plus récentes qui sont présentées à leurs enfants.

Aux enseignantes et aux enseignants, elle permet de saisir l'intérêt pédagogique de différentes manipulations de phrases, de comprendre la raison de certaines différences terminologiques, de coordonner leur enseignement de la grammaire avec celui des collègues qui les ont précédés ou qui leur succéderont.

À tous ceux et celles qui peuvent avoir certaines hésitations quant à l'utilisation écrite ou orale de la langue française, *La Grammaire pour tous* apporte des solutions efficaces et pratiques.

Comment est construit *La Grammaire pour tous* ?

La Grammaire pour tous est constituée de 27 chapitres, présentés par ordre alphabétique et traitant chacun d'une notion grammaticale particulière.

Chaque chapitre est divisé en paragraphes courts qui développent une seule règle à chaque fois. Les paragraphes sont numérotés, et tous les renvois, à l'intérieur des chapitres comme dans l'index, indiquent le numéro des paragraphes auxquels il faut se reporter.

Comment utiliser *La Grammaire pour tous* ?
La Grammaire pour tous permet différentes utilisations.

- Un usage ponctuel et pratique
  On recherche une information ou une solution à un problème pratique
  tel que l'accord du participe passé des verbes pronominaux. On consultera
  alors l'index à l'entrée « participe passé », à l'entrée « pronominaux »,
  à l'entrée « verbes pronominaux » ou encore à l'entrée « se + verbe ».
  Dans chaque cas, la lectrice ou le lecteur sont renvoyés à un paragraphe de
  l'ouvrage où ils trouveront la réponse à leur problème.

- Une recherche plus approfondie
  On veut faire le point sur une notion grammaticale telle que le sujet,
  les propositions subordonnées, le complément de phrase, etc.
  La lectrice ou le lecteur peuvent directement se reporter au chapitre qui les
  intéresse. Si le problème grammatical ne fait pas l'objet d'un chapitre entier,
  on consultera l'index.

D'une manière plus générale, *La Grammaire pour tous* est un ouvrage
qui traite tous les aspects importants de la syntaxe du français.

La Grammaire pour tous et le nouveau programme

Cette rubrique indiquera les correspondances établies dans le contexte
du nouveau programme d'études « Le français enseignement secondaire »
du ministère de l'Éducation du Québec (1995, 1997).
La Grammaire pour tous utilise des termes qui ne figurent pas au nouveau
programme : par exemple, le mot « objet » dans COD ou COI.
Des équivalences et des notes explicatives, proposées en tête de chapitre,
permettront aux lectrices et aux lecteurs de se familiariser avec cette nouvelle
terminologie, et de profiter d'un outil toujours aussi pratique et rigoureux.

GRAMMAIRE

INDEX

Les numéros renvoient aux numéros des paragraphes.

Abréviations utilisées

adj. : **adjectif**

adv. : **adverbe**

art. : **article**

C. de phrase : **complément de phrase**

C. de verbe : **complément de verbe**

C. du nom : **complément du nom**

CC : **complément circonstanciel**

CC acc : **complément circonstanciel d'accompagnement**

CCL : **complément circonstanciel de lieu**

CCT : **complément circonstanciel de temps**

COD : **complément d'objet direct**

COI : **complément d'objet indirect**

com. : **comparatif**

compl. : **complément**

COS : **complément d'objet second**

D : **déterminant**

fém. : **féminin**

GN : **groupe nominal (groupe du nom)**

GN prép. : **groupe nominal prépositionnel (groupe prépositionnel)**

GNS : **groupe nominal sujet (groupe du nom sujet)**

GV : **groupe verbal (groupe du verbe)**

masc. : **masculin**

P : **phrase**

part. : **participe**

passé comp. : **passé composé**

pers. : **personne**

pl. : **pluriel**

poss. : **possessif**

prép. : **préposition**

prés. : **présent**

pron. : **pronom**

pron. pers. : **pronom personnel**

sing. : **singulier**

sub. : **subordination**

subj. : **subjonctif**

subord. : **subordonnée**

V : **verbe**

Symboles utilisés

attire l'attention sur une exception fréquemment rencontrée, une nuance importante, un point sur lequel les erreurs sont nombreuses.

invite à se reporter à un ou plusieurs autres paragraphes pour des informations complémentaires ou plus approfondies.

signale que la phrase donnée en exemple n'est pas grammaticalement correcte.

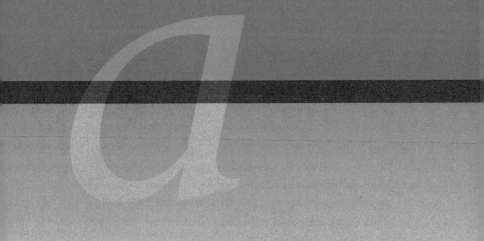

ACCORD

ACCORD DU VERBE AVEC LE GROUPE NOMINAL SUJET

1 Accord du verbe avec le sujet

Le verbe s'accorde en genre et en nombre avec le nom-noyau du groupe nominal sujet. → Sujet, paragraphes 447 à 453

Les oiseaux de la forêt chantaient.
  sujet   verbe

2 Accord du verbe avec un sujet pronom

Le verbe se met à la même personne que le sujet.

Tu   reprendras bien du gâteau.
2ᵉ pers. 2ᵉ pers.

3 Accord du verbe avec un sujet introduit
par *beaucoup de, peu de*...

Lorsque le GNS comporte un adverbe de quantité comme *beaucoup de, peu de, combien de, que de,* etc., le verbe se met au pluriel.

Beaucoup de gens ont dit qu'il échouerait !
    pluriel   pl.

Peu d'enfants chantent dans la chorale.
   pluriel   pluriel

REM   Lorsque l'adverbe de quantité a un sens partitif, le verbe se met au singulier.
→ paragraphe 112

Peu de neige est tombée cet hiver.

4 Accord du verbe avec un sujet collectif

Lorsque le GNS représente un ensemble d'éléments (sujet collectif), le verbe se met soit au singulier, soit au pluriel.

Une foule de visiteurs se précipita (ou *se précipitèrent*).

5 Accord du verbe avec plusieurs sujets

Lorsqu'il y a plusieurs groupes nominaux sujets, le verbe se met au pluriel.

Lise et Pierrette décidèrent d'aller au cinéma.
 sing.   sing.   pluriel

Lorsque les deux GNS sont réunis par *comme, ou, ainsi que, avec, ni*, le verbe se met soit au singulier, soit au pluriel.

La bière <u>comme</u> le vin contient (ou contiennent) de l'alcool.
<u>Ni</u> votre candidat <u>ni</u> le mien ne sera (ou ne seront) élu(s).

Si le premier GNS est suivi d'une virgule, le verbe se mettra au singulier.

La bière, comme le vin, contient de l'alcool.

6 Accord du verbe avec les sujets de personnes différentes
Lorsque les groupes nominaux sujets sont de personnes différentes, plusieurs cas d'accord se présentent.

- **2ᵉ personne + 3ᵉ personne** : le verbe se met à la 2ᵉ personne du pluriel.

<u>Marie</u> et <u>toi</u>   <u>marcherez</u> ensemble.
3ᵉ pers.   2ᵉ pers.   2ᵉ pers. pluriel

- **1ʳᵉ personne + 2ᵉ ou 3ᵉ personne** : le verbe se met à la 1ʳᵉ personne du pluriel.

<u>Son frère Jacques</u>   et   <u>moi</u>   <u>voulions</u> vous faire ce cadeau.
3ᵉ pers. sing.   1ʳᵉ pers. sing.   1ʳᵉ pers. pluriel

ACCORD DE L'ADJECTIF QUALIFICATIF

7 Accord de l'adjectif qualificatif épithète avec un seul nom
→ paragraphes 33 et 47 à 49
L'adjectif qualificatif épithète s'accorde en genre et en nombre avec le nom qu'il qualifie.

Il possédait une <u>merveilleuse</u> <u>maison</u> <u>blanche</u>.
                fém. sing.   fém. sing.   fém. sing.

L'<u>enfant</u>, <u>ravi</u>, monta sur son <u>vélo</u> <u>neuf</u>.
masc. sing.   masc. sing.   masc. sing.   masc. sing.

8 Accord de l'adjectif qualificatif épithète avec plusieurs noms
Lorsque l'adjectif qualifie plusieurs noms, il se met au pluriel.

Nous aimons l'<u>architecture</u> et la <u>littérature</u> <u>européennes</u>.
              fém. sing.   fém. sing.   fém. plur.

Lorsque l'adjectif qualifie plusieurs noms de genres différents,
il se met au masculin pluriel.

L'homme portait <u>une chemise</u> et <u>un pantalon</u> <u>blancs</u>.
　　　　　　　　　　fém. sing.　　　　masc. sing.　　masc. pl.

9 Accord de l'adjectif qualificatif attribut avec un seul sujet
L'adjectif qualificatif attribut s'accorde en genre et en nombre
avec le groupe nominal sujet.

Ah ! que <u>la vie</u> était <u>belle</u> en ce temps-là,
　　　　　fém. sing.　　　fém. sing.

même <u>les chiens</u> paraissaient <u>heureux</u>.
　　　　masc. pl.　　　　　　　　masc. pl.

10 Accord de l'adjectif qualificatif attribut avec plusieurs sujets
S'il y a deux groupes nominaux sujets, l'adjectif attribut se met au pluriel ;
si ces deux GNS sont de genres différents, l'adjectif attribut se met
au masculin pluriel.

Quand je les vis partir, <u>l'homme</u> et <u>la petite fille</u> semblaient très <u>gais</u>.
　　　　　　　　　　　　masc. sing.　　　fém. sing.　　　　　　　　　masc. pl.

REM Lorsque l'adjectif attribut est construit avec *avoir l'air*, on peut soit le mettre
au masculin singulier en l'accordant avec le nom *air* (masculin singulier) :
elle a l'air bien sérieux, soit l'accorder avec le sujet : *elle a l'air bien sérieuse*.

11 Pluriel des adjectifs composés
L'accord des adjectifs composés dépend de la nature des mots
qui les composent.
Si l'adjectif composé est formé de deux adjectifs, les deux adjectifs
s'accordent en genre et en nombre avec le nom qu'ils qualifient.

Elle prononça des <u>paroles</u> <u>aigres</u>-<u>douces</u>.
　　　　　　　　　fém. pl.　　fém. pl.　fém. pl.

Si l'adjectif composé est formé d'un élément invariable et d'un adjectif,
seul l'adjectif s'accorde en genre et en nombre avec le nom qualifié.

Il abandonna à <u>l'avant</u>-<u>dernière</u> <u>montée</u>.
　　　　　　　invariable　fém. sing.　fém. sing.

Les adjectifs composés désignant des couleurs ne s'accordent
ni en genre ni en nombre avec le nom qualifié.

Elles portaient des chemises rose pâle.
fém. pl. invariable

Il en va de même si la nuance de couleur de l'adjectif est précisée
par un autre nom.

Ils achètent des chemises vert pomme.
fém. plur. invariable

ACCORD DU PARTICIPE PASSÉ

12 Accord du participe passé
Le participe passé s'accorde de façon différente :
– lorsqu'il est employé comme adjectif,
– lorsqu'il est utilisé avec l'auxiliaire *être*,
– lorsqu'il est utilisé avec l'auxiliaire *avoir*.

13 Accord du participe passé employé comme adjectif
Le participe passé employé comme adjectif s'accorde en genre
et en nombre avec le nom qu'il qualifie.

Un homme averti en vaut deux.
masc. sing. masc. sing.

Une femme déterminée est efficace.
fém. sing. fém. sing.

14 Accord du participe passé employé avec l'auxiliaire *avoir*
Lorsqu'il n'y a pas de COD, le participe passé reste invariable.

Ils avaient couru comme des fous.
masc. pl. invariable

Lorsque le complément d'objet direct se trouve après le verbe, le participe
passé reste aussi invariable.

Les enfants ont dévoré tous les biscuits.
pl. invariable COD

Lorsque le COD se trouve placé avant le verbe, le participe passé s'accorde en genre et en nombre avec lui.

Tu n'as même pas regardé les fleurs que je t'ai offertes.
COD. fém. pl.   fém. pl.

15 Accord du participe passé employé avec l'auxiliaire **être**
Il s'accorde en genre et en nombre avec le **GNS**.

Les feuilles des arbres étaient tombées.
fém. pl.   fém. pl.

16 Accord du participe passé avec les verbes pronominaux
Lorsque le pronom *(me, te, se…)* est le complément d'objet direct du verbe *(se rencontrer, se baigner, se vendre, se sauver…)*, le participe passé s'accorde en genre et en nombre avec le sujet.

Elles se sont baignées dans la rivière.
fém. pl.   fém. pl.

Ils se sont rencontrés aux courses.
masc. pl.   masc. pl.

Lorsque le pronom est le complément d'objet indirect du verbe *(s'acheter, se faire mal, se dire, etc.)*, le participe passé ne s'accorde ni en genre ni en nombre avec le sujet.

Florence s'est dit qu'il ne viendrait pas.
fém. sing.   COI   invariable

Elles se sont lavé les mains.
COI

En revanche, le participe passé s'accordera avec le complément d'objet direct s'il est placé avant le verbe.

Tu ne peux imaginer les choses que je me suis dites.
fém. pl.   fém. pl.   fém. pl.
COD

17 Définitions

L'adjectif qualificatif sert à préciser une qualité,
une caractéristique d'un être animé ou d'une chose inanimée :
beau, belle, laid, laide, gentil, gentille.
La Grammaire pour tous et le nouveau programme

• La notion d'adjectif complément du nom est une façon nouvelle
de considérer l'adjectif qualificatif en fonction traditionnelle
d'épithète comme un adjectif qualificatif en fonction
de *complément d'information au nom*.
On a traditionnellement utilisé le terme *épithète* pour parler
de la fonction du mot « rouge » dans la phrase:

J'ai acheté un poisson <u>rouge</u>.

Dans le nouveau programme, on parle de *complément du nom*.
Il faut voir en quoi le mot « rouge » complète le nom et est appelé
ainsi complément du nom. Le programme met en évidence
cette fonction de l'adjectif vu comme un complément
d'information apporté au nom.

Ce perroquet <u>bleu</u> se nomme Coco.
              CN

est une phrase grammaticalement correcte. L'adjectif, y ayant
une fonction de complément du nom, peut être supprimé.
Cependant, la phrase :

Ce perroquet est <u>bleu</u>, il se nomme Coco.
                    attribut

est une phrase grammaticalement incorrecte. L'adjectif, y ayant
une fonction d'attribut, ne peut être supprimé.

FONCTIONS DE L'ADJECTIF QUALIFICATIF

18   Fonctions de l'adjectif qualificatif

L'adjectif qualificatif peut être épithète : il fait dans ce cas partie du GN.
Il peut être attribut du sujet ; il fait alors partie du GV.
Il peut être, enfin, placé en apposition.

19   Adjectif attribut du sujet

L'adjectif qualificatif est le plus souvent attribut du sujet.

L'homme paraissait fatigué, sa démarche était lourde.
sujet   attribut sujet   sujet   attribut sujet

Tu es sérieux, ou quoi ?
sujet attribut sujet

20   Adjectif attribut du COD

Dans certains cas, l'adjectif qualificatif assure la fonction d'attribut
du complément d'objet.

J'ai trouvé vos propositions intéressantes.
                     COD   attribut COD

Je la crois sincère.
   COD   attribut COD

L'adjectif qualificatif se rencontre en fonction d'attribut du COD
avec des verbes comme *croire, juger, faire, estimer, rendre, trouver, nommer,
laisser, appeler...*

21   Construction de l'attribut

Qu'il soit attribut du sujet ou attribut du COD, l'adjectif exprime
une qualité concernant le sujet ou le complément d'objet direct
par l'intermédiaire d'un élément de type verbal.

Le vase est beau, mais je le trouve cher.
sujet   attribut sujet   COD   attribut COD

Dans l'exemple ci-dessus, les adjectifs *beau* et *cher* permettent d'attribuer
par l'intermédiaire des éléments de type verbal *est* et *trouve* les qualités
de *beauté* et de *cherté* au mot *vase* qui occupe dans la phrase d'abord
la fonction de sujet et ensuite la fonction de COD (par l'intermédiaire
du pronom *le*).

22 Adjectif attribut : un élément obligatoire

L'adjectif qualificatif en fonction d'attribut fait partie du groupe verbal, dont il est un élément indispensable.

Cet enfant est <u>sensible</u>.
Il en est resté <u>stupéfait</u>.
Soudain l'animal devint <u>nerveux</u>.

Dans ces phrases, les adjectifs *sensible*, *stupéfait*, *nerveux* ne peuvent en aucun cas être supprimés :

ⓧ *Cet enfant est.*
ⓧ *Il en est resté.*
ⓧ *Soudain l'animal devint.*

ne constituent pas des phrases complètes.

De même, si on essaie de supprimer les éléments verbaux *est*, *est resté* et *devint*, les phrases ne sont pas complètes.

ⓧ *Cet enfant sensible...*
ⓧ *Soudain l'animal nerveux...*

C'est donc la combinaison des éléments de types verbaux et des adjectifs qualificatifs qui permet à ces phrases d'être acceptables et complètes.
Le groupe verbal est constitué ici de l'élément de type verbal et de l'adjectif attribut ; ils sont indissociables.

REM   En cela, l'adjectif attribut se distingue des autres compléments de verbe (COD, COI, COS) qui, dans certains cas, peuvent être supprimés. → paragraphes 106, 133, 159

23 Verbes d'état

Les verbes qui forment avec l'adjectif attribut le groupe verbal sont en nombre limité ; ce sont, par exemple, *être*, *devenir*, *paraître*, *sembler*, *demeurer*, *avoir l'air*, *passer pour*, *être considéré comme*, *être traité de*, etc.
Ils portent les marques de temps et de personnes du groupe verbal.

Il <u>devient</u> riche.   *Je <u>deviendrai</u> riche.*
présent 3ᵉ pers. sing.   futur 1ʳᵉ pers. sing.

Ces verbes sont généralement appelés verbes d'état.

REM D'autres éléments que l'adjectif qualificatif peuvent occuper la fonction d'attribut du sujet.

– Un nom ou un groupe nominal :

Sa mère est <u>la mairesse du village</u>.
attribut du sujet

– Un pronom :

<u>Il</u> redevint <u>lui-même</u>.
attribut du sujet

– Un infinitif :

<u>Mon idée</u> était <u>d'agir</u> au plus vite.
attribut du sujet

– Une proposition :

<u>L'ennui</u> est <u>que les gens aient appris la chose</u>.
attribut du sujet

24 Place de l'adjectif attribut

L'adjectif en fonction d'attribut se place normalement après l'élément avec lequel il forme le groupe verbal.

Les <u>vagues</u> <u>étaient</u> <u>blanches</u>.

sujet   « être » + attribut
GV

REM   Cependant, lorsque l'on veut mettre en évidence l'adjectif qualificatif attribut, on le place en tête de la phrase et il est immédiatement suivi de *être* :

<u>Blanches</u> étaient <u>les vagues</u>.

GV   sujet

25 Accord de l'adjectif attribut

L'adjectif qualificatif en fonction d'attribut s'accorde en genre et en nombre avec le sujet (ou avec l'objet s'il s'agit d'un attribut du complément d'objet).

<u>Cette petite fille</u> deviendra <u>grande</u>.

sujet fém. sing.   attribut fém. sing.

Claude <u>la</u> trouve <u>intelligente</u>.

COD fém. sing.   attribut fém. sing.

Pour plus de détails sur l'accord de l'adjectif qualificatif,
→ paragraphes 47 à 49.

26 Adjectif épithète

L'adjectif épithète est directement relié au nom.

Lorsque l'adjectif est en fonction d'épithète, il apporte au nom
une qualité particulière sans avoir besoin de l'intermédiaire
d'un élément verbal.

Il est donc directement lié au nom qu'il qualifie, et cette caractéristique
le distingue de l'adjectif qualificatif attribut.

Une grande maison se dressait sur la colline.
      épithète

Elle semblait inhabitée.
sujet   attribut du sujet

27 Suppression de l'adjectif épithète

On peut supprimer l'épithète sans rendre la phrase inacceptable.

Retirer un adjectif épithète, c'est choisir de ne pas exprimer une qualité
particulière du nom et donc appauvrir le sens du GN.

Ma fille a ramené un petit chat blanc.

On peut supprimer l'adjectif épithète *petit* :

Ma fille a ramené un petit chat blanc.

et même l'épithète *blanc* :

Ma fille a ramené un petit chat blanc.

L'adjectif qualificatif en fonction d'épithète fait partie intégrante du groupe
nominal, dont il ne constitue pas un élément obligatoire, au contraire
de l'article, par exemple.

28 Construction de l'adjectif épithète

Généralement, l'adjectif épithète est en relation directe avec un nom
(nom commun ou éventuellement nom propre).

Le vieil homme. — Le grand Pierre.

REM   La présence d'un adjectif entraîne souvent pour un nom propre
de personne la présence d'un article défini :

La grande Berthe.

L'adjectif qualificatif peut être épithète d'un nom quelle que soit la fonction de celui-ci.

J'adore le raisin blanc.
<u>COD</u>   épithète

Elle me regardait avec les yeux tristes d'une enfant abandonnée.
       CC   épithète   C. du nom   épithète

29 Adjectif verbal en fonction d'épithète

L'adjectif verbal s'accorde en genre et en nombre avec le nom qu'il qualifie. Il peut être remplacé par un adjectif qualificatif.

La petite fille courant vers son père affolé poussait des cris perçants.

Dans cet exemple, il faut distinguer soigneusement *courant* et *perçants* :
– *courant* est un participe présent ; il est invariable et ne peut être remplacé par un adjectif qualificatif : il n'est pas en fonction d'épithète ;
– *perçants* est un adjectif verbal ; il s'accorde en genre et en nombre avec le nom *cris* et peut être remplacé par un adjectif qualificatif, *aigus*, par exemple ; il est en fonction d'épithète.

REM   Dans un certain nombre de verbes, l'adjectif verbal se distingue du participe présent par l'orthographe.

PARTICIPE PRÉSENT	ADJECTIF VERBAL
provoquant	*provocant*
convainquant	*convaincant*
intriguant	*intrigant*
négligeant	*négligent*
précédant	*précédent*

30 Participe passé en fonction d'épithète

Le participe passé peut être employé seul (c'est-à-dire sans l'auxiliaire *avoir* ou *être*) et jouer le rôle d'un adjectif.

Je préfère monter un cheval dressé.
                        épithète

Le participe passé *dressé* employé seul est en fonction d'épithète du nom *cheval* ; il peut être remplacé par un adjectif qualificatif et s'accorde en genre et en nombre avec le nom.

31 Place de l'adjectif épithète employé seul

Généralement, la plupart des adjectifs qualificatifs en fonction d'épithète se placent après le nom qu'ils déterminent.

Il convient cependant de remarquer que certains se placent obligatoirement après le nom, d'autres normalement avant, d'autres, enfin, tantôt avant, tantôt après.

- Les adjectifs de couleur, les participes passés (employés comme adjectifs) et les adjectifs verbaux se placent normalement après le nom.

 Il y avait des roses <u>rouges</u> dans toutes les pièces.
 Un chien <u>dressé</u> montait la garde jour et nuit.
 Il présenta des arguments <u>convaincants</u>.

- Les adjectifs qui évoquent une relation se placent nécessairement après le nom.

 four <u>solaire</u> (qui fonctionne grâce au Soleil) ;
 évêque <u>catholique</u> (qui appartient à l'Église catholique) ;
 transports <u>aériens</u> (qui s'effectuent par les airs).

- Un nombre restreint d'adjectifs (le plus souvent courts et d'usage fréquent) se placent normalement avant le nom :

 Ce n'est finalement qu'une <u>petite</u> contrariété pour elle.

- Quelques adjectifs peuvent se placer avant ou après le nom ; ce changement de place peut entraîner :
 – soit un changement complet de sens

 Un <u>brave</u> garçon
 Un garçon <u>brave</u>

 Un <u>grand</u> homme
 Un homme <u>grand</u>

 Une <u>curieuse</u> enfant
 Une enfant <u>curieuse</u>

– soit simplement une mise en valeur de la qualité exprimée
par l'adjectif qualificatif

Elle habitait une maison <u>somptueuse</u>.
(Elle habitait une <u>somptueuse</u> maison.)

Elle possédait une voix <u>merveilleuse</u>.
(Elle possédait une <u>merveilleuse</u> voix de soprano.)

REM

Dans ce dernier exemple, le placement de l'adjectif *merveilleuse* avant le nom
est d'autant plus facile que le nom *voix* est déterminé par le complément *de soprano*.
L'antéposition de l'adjectif semble s'imposer dès lors que le nom est suivi
d'un complément.

32 Place de deux ou plusieurs adjectifs épithètes

Lorsqu'un nom se trouve qualifié par deux adjectifs qualificatifs épithètes,
deux cas sont possibles.

Les deux adjectifs se placent normalement après le nom.
Dans ce cas, ils sont le plus souvent coordonnés.

Il a choisi un homme <u>juste</u> et <u>sensible</u>.

Les deux adjectifs qualificatifs se distribuent l'un avant, l'autre après le nom.
Dans ce cas, ils ne sont pas coordonnés.

Une <u>belle</u> chemise <u>jaune</u>.

REM

Quand deux adjectifs expriment des caractéristiques du même ordre,
ils sont généralement coordonnés :

Il portait souvent une chemise <u>jaune</u> et <u>rouge</u>.

Quand ils expriment des qualités d'ordre différent,
les deux adjectifs se placent de part et d'autre du nom :

On construit une <u>grande</u> route <u>nationale</u>.

33 Accord de l'adjectif épithète

L'adjectif qualificatif en fonction d'épithète s'accorde en genre et en nombre avec le nom qu'il détermine.

Il possède une <u>somptueuse</u> maison <u>blanche</u>.
fém. sing.   fém. sing.   fém. sing.

J'adore ces <u>jolis</u> <u>poneys</u> <u>larges</u> et <u>trapus</u>.
masc. pl. masc. pl. masc. pl.   masc. pl.

34 Construction de l'adjectif apposé

L'adjectif qualificatif mis en apposition apporte une qualité sans avoir recours à l'intermédiaire d'un élément de type verbal ; en ce sens, il se rapproche de la fonction épithète et se distingue de la fonction attribut.

<u>Joyeux</u>, les enfants s'éloignèrent.
apposition

Les enfants <u>sages</u> furent récompensés.
épithète

Les enfants restèrent <u>calmes</u> malgré l'orage.
attribut du sujet

L'adjectif qualificatif en apposition est séparé par une pause (à l'oral) ou par une virgule (à l'écrit) du nom qu'il qualifie.

<u>Confuse</u>, la jeune fille tourna les talons.
Les loups, <u>affamés</u>, tournaient autour du camp.
Elles remontèrent en voiture, <u>heureuses d'avoir réussi</u>.

REM L'adjectif mis en apposition est très souvent suivi d'un complément :
content de sa journée ; plein d'espoir ; effrayé à l'idée que...

35 Valeur de l'adjectif apposé

L'adjectif qualificatif mis en apposition se distingue de l'adjectif épithète. Pour l'adjectif apposé, la caractéristique s'applique à l'ensemble des êtres ou des choses évoqués.

<u>Joyeux</u>, les enfants s'éloignèrent.

La fonction d'apposition remplie par l'adjectif *joyeux* implique que tous les enfants dont on parle soient joyeux, et non une partie d'entre eux seulement.

En revanche, dans l'exemple :

Les enfants <u>sages</u> furent récompensés.

l'adjectif épithète *sages* divise les enfants en deux groupes :

1. ceux qui furent sages et qui furent récompensés ;
2. ceux qui ne furent pas sages et qui n'eurent pas droit à une récompense.

On peut présenter la différence entre la fonction épithète et celle d'apposition par les schémas suivants :

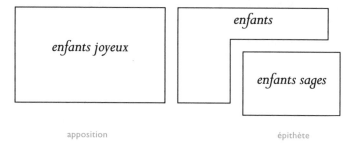

apposition   épithète

36 Place de l'adjectif en apposition

L'adjectif qualificatif mis en apposition peut être déplacé dans une phrase beaucoup plus facilement que l'adjectif épithète. En fait, l'apposition peut être placée à n'importe quel endroit de la phrase, tant que l'on est sûr que l'auditeur (ou le lecteur) ne risque pas de se tromper sur le nom auquel l'adjectif est apposé.

<u>Ravi</u>, <u>l'enfant</u> mangeait <u>sa pomme</u> dans <u>la cour</u>.
GN A   GN B   GN C

<u>L'enfant</u>, <u>ravi</u>, mangeait <u>sa pomme</u> dans <u>la cour</u>.
GN A   GN B   GN C

<u>L'enfant</u> mangeait <u>sa pomme</u>, <u>ravi</u>, dans <u>la cour</u>.
GN A   GN B   GN C

<u>L'enfant</u> mangeait <u>sa pomme</u> dans <u>la cour</u>, <u>ravi</u>.
GN A   GN B   GN C

Quelle que soit la place de l'adjectif *ravi*, il n'y a aucun doute sur le fait que c'est bien au groupe nominal A (*l'enfant*) qu'il est apposé : ni *la cour*, ni *la pomme* ne peuvent se voir qualifier de *ravies*.

En revanche, si l'on considère la phrase :

Abattu, l'homme contemplait l'arbre.
   GN A   GN B

On peut placer *abattu* après *l'homme* :

L'homme, abattu, contemplait l'arbre.
   GN A   GN B

Si l'on veut mettre l'adjectif en fin de phrase, il faut prendre particulièrement soin de le détacher par une pause afin d'éviter qu'*abattu* ne devienne épithète du nom *arbre* et fasse partie du groupe nominal B.

L'homme contemplait l'arbre, abattu.
   GN A   GN B

L'adjectif apposé, lorsque l'on prend bien soin de le détacher par une pause ou une virgule, qualifie naturellement le sujet de la phrase plutôt qu'un nom ayant une autre fonction.

37 Accord de l'adjectif en apposition

L'adjectif qualificatif mis en apposition s'accorde en genre et en nombre avec le nom qu'il qualifie.

La jeune fille s'en alla, contente.
  fém. sing.   fém. sing.

Pleins d'espoir, ils se précipitèrent vers la sortie.
  masc. pl.   masc. pl.

Pour plus de détails sur l'accord de l'adjectif, → paragraphes 47 à 49.

Pour plus de détails sur l'accord de l'adjectif, → paragraphes 47 à 49.

REM

Il est intéressant de constater que, contrairement à l'adjectif épithète, qui ne peut qualifier qu'un nom, l'adjectif qualificatif en apposition peut déterminer un pronom personnel en fonction sujet ; dans ce cas, il se placera soit avant le groupe sujet-verbe, soit après ; il ne peut séparer le pronom personnel sujet du verbe.

Calmé, il s'en retourna chez lui.
Il s'en retourna chez lui, calmé.
⊕ Il, calmé, s'en retourna chez lui.

DEGRÉS DE QUALIFICATION DE L'ADJECTIF QUALIFICATIF

38 Sens des degrés de qualité

Comme nous l'avons vu, l'adjectif qualificatif exprime une caractéristique, une qualité d'un être animé ou d'un objet inanimé ; cette qualité peut être exprimée avec plus ou moins de force.

Un être ou un objet peut être :
plus ou moins grand que quelqu'un ou quelque chose : *comparatif* ;
très grand ou le plus grand de tous : *superlatif*.

39 Comparatif de supériorité

La forme *plus... que* entourant un adjectif qualificatif permet d'exprimer le comparatif de supériorité.

Mylène est plus <u>intelligente</u> que Lison.

Dans cette phrase, l'adjectif qualificatif *intelligente* qualifie à la fois *Mylène* et *Lison*. Mais, en utilisant la forme *plus... que*, on indique que la qualité d'intelligence s'applique avec plus de force à Mylène qu'à Lison.
Mylène a une intelligence supérieure à celle de Lison.

Pierre est plus <u>bête</u> que <u>méchant</u>.

Dans cette phrase, Pierre se voit attribuer deux caractéristiques : *bête* et *méchant* ; mais, en utilisant la forme *plus... que*, on indique que la caractéristique de bêtise est plus importante que celle de méchanceté.
Il s'agit aussi du comparatif de supériorité.

40 Comparatif d'infériorité

Si, au lieu d'utiliser la forme *plus... que*, on utilise la forme *moins... que*, on obtient une comparaison d'un autre type :
le comparatif d'infériorité.

Mylène est moins <u>drôle</u> que Carole.
Cet objet est moins <u>utile</u> que <u>dangereux</u>.

Comparatif d'égalité

Si, enfin, on emploie la forme *aussi... que*, on marquera un comparatif d'égalité.

Pierre est aussi <u>séduisant</u> que Jacques.

Cette femme est aussi <u>belle</u> qu'<u>intelligente</u>.

REM Dans les phrases de ce type, on rencontrera souvent une reprise utilisant la forme verbale avec *être*.

Cette femme est aussi belle qu'elle <u>est</u> intelligente.

On peut établir une comparaison d'égalité entre deux qualités attribuées chacune à une personne ou à un objet différent.

Jeanne est <u>aussi nerveuse</u> que Marie est <u>calme</u>.

comp. d'égalité

42 Construction comparative

La forme comparative comporte donc un élément *plus, moins, aussi* qui précède l'adjectif qualificatif ; celui-ci est suivi de *que*, qui introduit le deuxième terme de la comparaison.

Le tigre est	*plus* *moins* *aussi*	*féroce*	*que*	*le lion.*
	↓ indicateur du type de comparatif	↓ adjectif qualificatif	↓ introduit le 2ᵉ terme de comparaison	

Le deuxième terme de la comparaison peut être :

- un nom :

Le tigre est plus féroce que <u>le lion</u>.

- un autre adjectif :

Il est plus bête que <u>méchant</u>.

- un adverbe :

Il fait moins beau aujourd'hui qu'<u>hier</u>.

- un complément circonstanciel prépositionnel :

Il fait plus chaud ici que <u>dans ma chambre</u>.

REM

On trouve fréquemment des phrases où le premier terme de comparaison est sous-entendu :

Il fait moins beau qu'hier.
Il fait plus chaud que dans ma chambre.

De même, le deuxième terme de la comparaison peut être sous-entendu ou négligé :

Le soleil faisait paraître la plage plus blanche.
On rêve d'une essence moins chère.

43 Comparatifs irréguliers

Il existe trois adjectifs qui possèdent un comparatif de supériorité irrégulier :

• bon → meilleur

Le vin est-il meilleur en Europe qu'aux États-Unis ?

• mauvais → pire

Sa situation est pire que la tienne.

• petit → moindre

C'est un moindre mal.

On ne doit pas utiliser *meilleur, pire, moindre* au comparatif : ce sont eux-mêmes déjà des comparatifs.

Ⓦ *plus meilleur ou moins meilleur*
Ⓦ *plus pire ou moins pire*
Ⓦ *plus moindre ou moins moindre*

44 Superlatif relatif

Le superlatif relatif permet de distinguer à l'intérieur d'un même ensemble des éléments qui possèdent une qualité au plus haut ou au plus bas degré.

• Superlatif relatif de supériorité : *le(s) plus... (de...).*
• Superlatif relatif d'infériorité : *le(s) moins... (de...).*

J'ai choisi les plus rapides des joueurs.
Elle a cueilli les moins belles des fleurs.

45 Construction et place du superlatif relatif

Le superlatif relatif peut ne pas être suivi du complément introduit par *de* qui indique l'ensemble des objets *(fleurs)* ou des êtres *(joueurs)* soumis au superlatif relatif ; dans ce cas, le nom précède l'adjectif au superlatif.

J'ai choisi les joueurs les moins <u>rapides</u>.
Elle a cueilli les fleurs les moins <u>belles</u>.
Écoutez les musiques les plus <u>belles</u> à l'horaire le plus <u>fou</u> !

46 Superlatif absolu

Il permet d'indiquer le très haut degré d'une qualité attribuée à un être ou à un objet sans qu'il soit question de le comparer à d'autres êtres ou objets possédant aussi cette qualité. Il se forme en faisant précéder l'adjectif de l'adverbe *très* ou de l'un des adverbes de quantité qui peuvent se substituer à lui pour marquer le haut degré d'une qualité.

Elle est	*très* *super* *extrêmement, etc.*	*intelligente.*
Il est	*merveilleusement* *drôlement* *fort, etc.*	*beau.*

REM   Certains adjectifs comme *excellent, exceptionnel, formidable,* marquent par eux-mêmes un haut degré de qualité et ne peuvent être mis au comparatif ni au superlatif. On ne peut pas dire :

Ⓧ *La soupe était plus excellente que le dessert.*
Ⓧ *Cette fille est la plus exceptionnelle de celles que j'ai connues.*

ACCORD DES ADJECTIFS QUALIFICATIFS

⟶ paragraphes 7 à 11

47 L'accord des adjectifs qualificatifs

L'adjectif, qu'il soit épithète, attribut ou en apposition, s'accorde en genre et en nombre avec le nom qu'il qualifie.

J'ai acheté des <u>fleurs</u> <u>merveilleuses</u>.
    fém. pl.   épithète

De loin, la ville semblait plus belle.

fém. sing.   attribut

Affolées, les brebis s'enfuirent.

apposition   fém. pl.

Lorsqu'un adjectif qualifie plusieurs noms, il se met au pluriel.

Un homme et un enfant beaux comme des dieux s'avancèrent.

sing.   sing.   pluriel

Lorsqu'un adjectif qualifie plusieurs noms de genres différents,
l'adjectif qualificatif se met au masculin pluriel.

Le chat, la belette et la souris semblèrent atterrés.

masc.   fém.   fém.   masc pl.

48 Accord des adjectifs de couleur

Les adjectifs qualificatifs utilisant des noms de fleurs, de fruits,
de pierres précieuses, etc., ne s'accordent ni en genre ni en nombre.

Nous portons toutes les deux des robes orange.

pluriel   invariable

Ces boucles d'oreilles émeraude sont belles.

pluriel   invariable

REM   Les adjectifs *rose, écarlate, fauve, incarnat, mauve, pourpre* s'accordent en nombre.

Elle a toujours les joues roses.

49 Accord des adjectifs composés

L'accord des adjectifs composés dépend de la nature des mots
qui les composent.
Si l'adjectif composé est formé de deux adjectifs, les deux adjectifs
s'accordent en genre et en nombre.

Elle prononça des paroles aigres-douces.

fém. pl.   fém. pl.

Si l'adjectif composé est formé d'un élément invariable et d'un adjectif,
seul l'adjectif s'accorde en genre et en nombre.

Il abandonna à l'avant-dernière montée.

inv.   fém. sing.   fém. sing.

Les adjectifs composés désignant des couleurs ne s'accordent ni en genre ni en nombre.

Ils portaient tous <u>des chemises</u> <u>rose pâle</u>.
fém. pl.   invariable

Il en va de même si la nuance de couleur de l'adjectif est précisée par un autre nom.

<u>Des chemises</u> <u>vert pomme</u>.
fém. pl.   invariable

50 Genre des adjectifs qualificatifs

RÈGLES	ADJECTIFS	
	MASCULIN	FÉMININ
On forme le plus souvent le féminin des adjectifs en ajoutant simplement un -e.	*petit* *abondant* *grand* *joli*	*petite* *abondante* *grande* *jolie*
Les adjectifs se terminant par un -e ne changent pas au féminin.	*aimable* *pâle*	*aimable* *pâle*
Les adjectifs se terminant par les voyelles -i, -ai, -u, etc., prennent un -e au féminin.	*joli* *vrai* *pointu*	*jolie* *vraie* *pointue*
Les adjectifs se terminant par -on et -ien doublent leur consonne finale au féminin.	*bon* *ancien*	*bonne* *ancienne*
Les adjectifs se terminant par -el, -ul et -eil doublent leur consonne au féminin.	*cruel* *nul* *pareil*	*cruelle* *nulle* *pareille*
Les adjectifs terminés par -et doublent leur consonne finale au féminin, sauf *complet, désuet, discret, inquiet...* qui se terminent par -ète.	*coquet*	*coquette*
Les adjectifs terminés par -ot ont un féminin en -ote, sauf *pâlot, sot, vieillot...* qui se terminent par -otte.	*idiot*	*idiote*

RÈGLES	ADJECTIFS	
	MASCULIN	FÉMININ
Les adjectifs terminés par -s ont un féminin en -se, sauf *bas*, *épais*…, qui forment le féminin en -sse ; *frais* qui devient *fraîche*, etc.	*gris* *bas*	*grise* *basse*
Les adjectifs terminés par -x font leur féminin en -se, sauf *doux*, *faux*, *roux*… : *douce*, *fausse*, *rousse*.	*nerveux* *doux*	*nerveuse* *douce*
Les adjectifs terminés par -er forment leur féminin en -ère.	*léger*	*légère*
Les adjectifs terminés par -f forment leur féminin en -ve.	*neuf*	*neuve*
Les adjectifs *beau*, *nouveau*, *fou*, *mou*, *vieux* donnent au féminin : *belle*, *nouvelle*, *folle*, *molle*, *vieille*. Mais ces mêmes adjectifs suivis d'un nom commençant par une voyelle prennent des formes, au masculin, qui se prononcent de la même façon que celles du féminin : *un vieil abruti*, *un fol amour*, *un nouvel appartement.*	*beau* *fou* *vieux*	*belle* *folle* *vieille*
Les adjectifs terminés par -c font souvent leur féminin en -che. Mais : *les soldats francs*, *les armées franques.*	*franc* *blanc*	*franche* *blanche*

51 Nombre des adjectifs qualificatifs

RÈGLES	ADJECTIFS	
	MASCULIN	PLURIEL
On forme le plus souvent le pluriel de l'adjectif avec -s.	*grand* *petit*	*grands* *petits*
Terminés par -s ou -x, les adjectifs ne changent pas au masculin pluriel.	*doux* *gros*	*doux* *gros*
Terminés par -al, ils forment leur pluriel en -aux sauf : *banal*, *bancal*, *fatal*, *final*, *glacial*, *natal*, *naval* qui prennent un -s. NB : *des fours banaux.*	*royal* *navals*	*royaux* *navals*

Il est intéressant de constater, grâce à la visualisation, le comportement syntaxique particulier de l'adjectif selon qu'il est épithète ou attribut.

52 Représentation en arbre

L'adjectif qualificatif en fonction d'épithète fait partie du GN.

Cet enfant adore les plats sucrés.
                       COD   adjectif
                                épithète

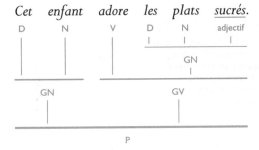

L'adjectif qualificatif en fonction d'attribut fait partie du GV.

Cette femme est courageuse.
   sujet   adjectif attribut

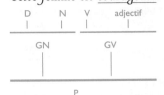

53 Définitions

Les adverbes constituent un ensemble de mots qui présentent une grande diversité de formes, de rôles et de comportements.

- **Diversité des formes.**

  On trouve des mots simples (*ici, heureusement, hier, assez...*), des locutions adverbiales (*à peu près, au moins, tout à coup, jusque-là...*).

- **Diversité des rôles.**

  Les adverbes peuvent modifier (compléter, préciser, déterminer) le sens d'un verbe, d'un adjectif, d'un autre adverbe, d'une proposition entière.

- **Diversité des comportements.**

  Ils peuvent en général se combiner entre eux (*assez souvent, beaucoup trop, beaucoup moins*).

REM Il est difficile de dire si les adverbes sont des mots grammaticaux ou des mots lexicaux (⟶ paragraphes 291 à 303).

En effet, ils sont moins nombreux que les noms, les verbes et les adjectifs ; mais, en fonction des besoins de la communication, on peut créer facilement de nouveaux adverbes, notamment grâce au suffixe *-ment*, qui permet de fabriquer un adverbe à partir d'un adjectif.

mignon ⟶ *mignonnement*   *sacré* ⟶ *sacrément.*

54 Rôle de l'adverbe

L'adverbe est un mot invariable qui permet de modifier :

• Le sens d'un verbe :

Elle marche <u>doucement</u>.

• Le sens d'un adjectif :

Elle va <u>très</u> vite.

• Le sens d'un autre adverbe :

Je le vois <u>assez peu souvent</u>.

• La position de celui qui parle :

<u>Malheureusement</u>, il a réussi.

55 Fonction de l'adverbe modifiant le sens d'un verbe

Lorsqu'il modifie le verbe, l'adverbe assure la fonction de complément circonstanciel exprimant le temps, le lieu, la manière, etc.
Contrairement à d'autres compléments circonstanciels, il n'est pas introduit par une préposition. → paragraphes 95 et 96

Elle mange <u>goulûment</u>. *Il habite <u>ici</u>.*
         C.C. manière   C.C. lieu

Nous viendrons <u>demain</u>.
         C.C. temps

56 Place de l'adverbe

Comme tout complément circonstanciel, l'adverbe modifiant le verbe est permutable. On le trouve généralement après le verbe.

Elle se <u>promène</u> <u>lentement</u> autour du lac.
    verbe   adv.

Si l'on veut attirer l'attention sur la lenteur de la promenade, on le placera en tête ou à la fin de la phrase.

<u>Lentement</u>, elle se promène autour du lac.
Elle se promène autour du lac, <u>lentement</u>.

Dans certains cas, le renvoi de l'adverbe en tête de phrase le détache
nettement du verbe, surtout si l'adverbe est suivi d'une pause (à l'oral),
d'une virgule (à l'écrit). L'adverbe peut alors modifier non seulement le verbe,
mais l'ensemble de la phrase.

La porte grinça curieusement.
(L'adverbe modifie le verbe : c'est le grincement qui est curieux.)

Curieusement, la porte grinça.
(C'est l'opinion de celui ou celle qui parle qui est évoquée par l'adverbe. C'est le fait que la
porte grince qui est considéré comme curieux.)

Dans le cas où le verbe est conjugué à un temps composé, l'adverbe peut
se placer entre l'auxiliaire et le participe passé.

Il a trop mangé.
⑦ *Il a mangé trop.*
Elle a bien dormi.
⑦ *Elle a dormi bien.*

57 Valeur de l'adverbe modifiant un adjectif qualificatif

Les adverbes qui modifient un adjectif qualificatif sont surtout
des adverbes exprimant la quantité ou l'intensité.
→ Classement des adverbes, paragraphe 62

Elle était assise sur une petite chaise.
Elle était assise sur une très petite chaise.

En ajoutant *très*, on précise, on détermine le sens de l'adjectif qualificatif *petite*.
L'adverbe peut modifier soit un adjectif épithète, soit un adjectif attribut.

Il avait bu une trop grande quantité d'eau.
　　　　　　　　épithète

De loin, elle paraissait assez grande.
　　　　　　　　　　attribut

58 Place de l'adverbe

Lorsque l'adverbe modifie l'adjectif qualificatif, il est presque toujours
placé avant l'adjectif.

Un très gros chien.
Un chien très gros.

Il suit l'adjectif dans ses déplacements (en restant, le plus souvent, avant l'adjectif) et ne peut en être séparé.

Il était très beau.
Très beau, il l'était.
⊘ *Très il était beau.*

Le renvoi (rare) de l'adverbe après l'adjectif peut être utilisé pour le mettre en valeur : cela entraîne généralement une virgule avant l'adverbe.

Elle est délicieusement parfumée.
Elle est parfumée, délicieusement.

59 Valeur de l'adverbe modifiant un adverbe

Un adverbe peut modifier ou préciser le sens d'un autre adverbe.

Ce café est trop chaud.   *Ce café est beaucoup trop chaud.*
Tu bois trop.   *Tu bois beaucoup trop.*

Dans le premier exemple, l'adverbe *beaucoup* modifie l'adverbe *trop*, qui lui-même modifie un adjectif : *chaud*.
Dans le deuxième exemple, l'adverbe *beaucoup* modifie l'adverbe *trop*, qui lui-même modifie un verbe : *boire*.

60 Place de l'adverbe

L'adverbe qui modifie un autre adverbe se place devant ce dernier.
Il le suit dans ses déplacements (en restant devant) et ne peut en être séparé.

Le camion, très lentement, montait la côte.
Très lentement, le camion montait la côte.

61 Autres fonctions de l'adverbe

Certains adverbes (notamment de temps) peuvent être utilisés dans toutes les fonctions que le nom remplit : sujet, objet, COD, COI, etc.

Demain sera un autre jour.
     sujet

La journée d'hier a été radieuse.
              compl. du nom

Elle rêvait d'un ailleurs qui les accueillerait.
                    COI

CLASSEMENT DES ADVERBES D'APRÈS LEUR SENS (CLASSEMENT SÉMANTIQUE)

62 Classement sémantique

Du point de vue du sens, on peut classer les adverbes en sept catégories.

ADVERBES DE MANIÈRE	EXEMPLES
bien, mieux, vite, mal, plutôt, aussi... Adverbes en -ment : lentement, heureusement...	Elle était _mal_ habillée. Le vieil homme se dirigeait _lentement_ vers une maison qu'il distinguait au loin.

ADVERBES DE QUANTITÉ (D'INTENSITÉ)	EXEMPLES
assez, aussi, autant, beaucoup, moins, peu, très, fort, si, tant... Adverbes en -ment : excessivement...	C'est _terriblement_ cher pour un _si_ petit tableau, dit-elle en examinant le Picasso. On mange _trop_, on boit _trop_ et on ne court pas _assez_.

ADVERBES DE TEMPS	EXEMPLES
hier, aujourd'hui... alors, déjà, après, quand ? depuis, toujours, enfin, jamais, soudain... + locutions : tout à l'heure, de temps en temps...	_Parfois_, il se mettait à penser à ses années d'enfance. Cet enfant est _encore_ bien jeune pour sortir si _tard_ le soir.

ADVERBES DE LIEU	EXEMPLES
ici, là, ailleurs, autour, dedans, derrière, dessus, devant, où... + locutions : au-dedans... quelque part, là-bas...	Allez donc voir _ailleurs_ si j'y suis. _Où_ chercher ? Il peut être _n'importe où_ !

REM   Il est assez difficile de les associer à un adjectif qualificatif.

ADVERBES D'AFFIRMATION	EXEMPLES
oui, certainement, vraiment, volontiers, précisément, si... + locutions : en vérité, sans doute...	—Voulez-vous du thé ? — _Oui_ ! — _Volontiers_ ! Il voyage _volontiers_. Il est _certainement_ très aimable.

ADVERBES DE NÉGATION	EXEMPLES
non, ne, guère, **jaممais, rien,** **pas, point...**	*Il ne dort guère.* *Vous n'êtes jamais content !*

 REM   *Pas* est le seul adverbe de négation pouvant déterminer
un adjectif épithète (surtout dans la langue familière) : *Pas facile de se lever tôt !*

ADVERBES DE DOUTE	EXEMPLES
peut-être, probablement, **sans doute...**	*—Viendras-tu ?* *— Probablement.* *Nous irons peut-être vous chercher.* *Il fera sans doute froid.*

REM   Beaucoup d'adverbes peuvent avoir des sens différents et appartenir à plusieurs
de ces sept catégories.

Là :

Je suis là.
adv. de lieu

À quelques jours de là, je partis pour la montagne.
adv. de temps

Jamais :

Je ne dors jamais.
adv. de temps ou de négation.

63 Emploi des adverbes de temps et de lieu
Le fait qu'un adverbe appartienne à telle ou telle catégorie
correspond souvent à des utilisations particulières.

Les adverbes de *temps* et de *lieu* sont le plus fréquemment utilisés
pour modifier les verbes.

Viens ici tout de suite !

64 Emploi des adverbes de quantité

Les adverbes de *quantité (intensité)* se trouvent souvent associés
à des adjectifs qualificatifs.

Mon fils est <u>presque</u> <u>trop</u> <u>sage</u>.

65 Emploi des adverbes d'affirmation

Les adverbes d'affirmation, de négation et de doute sont fréquemment
utilisés comme reprise au cours d'un dialogue.

—Viendrez-vous? — <u>Probablement</u> <u>pas</u>.

66 Adverbes « interrogatifs »

Les adverbes utilisés pour l'interrogation : *où ? quand ? comment ? pourquoi ?*
combien ? sont, dans certains cas, classés à part, mais on peut les considérer
comme des adverbes de quantité, de lieu, de temps, de manière… utilisés
dans des phrases de type interrogatif.

ORTHOGRAPHE ET ACCORD

67 Orthographe des adverbes en *-ment*

Les adverbes qui se terminent par le suffixe *-ment (lentement, énormément…)*
sont formés à partir d'adjectifs qualificatifs. On les trouve à partir du féminin
de l'adjectif.

bas — basse	*bassement*
doux — douce	*doucement*
léger — légère	*légèrement*
vif — vive	*vivement*

Lorsque l'adjectif se termine par une voyelle *(e, ai, i, u)*, l'adverbe ne conserve
pas le *-e* du féminin.

vra<u>i</u> — vraie	*vraiment*
pol<u>i</u> — polie	*poliment*
réso<u>lu</u> — résolue	*résolument*

1. Dans certains cas, l'adverbe dont le -e est tombé prend un accent circonflexe.

assidu — assidue *assidûment*
goulu — goulue *goulûment*

2. On peut rapprocher de ces adverbes le cas de *gentiment*, formé à partir de l'adjectif *gentil* : dans l'adverbe, le *-lle* tombe.

gentil — gentille *gentiment*

68 Orthographe des adverbes en *-amment/ -emment*

Il existe un certain nombre d'adverbes, tels que *violemment* et *méchamment*, qui se terminent soit par *-emment*, soit par *-amment* mais qui se prononcent de manière identique (« aman »).

Pour savoir s'ils s'écrivent avec un *e* ou avec un *a*, il faut retrouver l'adjectif dont ils sont issus :

- les adverbes en *-amment* correspondent aux adjectifs qualificatifs en *-ant* ;
- les adverbes en *-emment* correspondent aux adjectifs qualificatifs en *-ent*.

On peut ajouter à cette liste certains adverbes dont les adjectifs d'origine ont disparu dans la langue :

notamment, sciemment, précipitamment, etc.

-ANT	→ -AMMENT	-ENT	→ -EMMENT
bruyant	→ *bruyamment*	*apparent*	→ *apparemment*
méchant	→ *méchamment*	*évident*	→ *évidemment*
puissant	→ *puissamment*	*prudent*	→ *prudemment*
vaillant	→ *vaillamment*	*violent*	→ *violemment, etc.*

Tous les mots se terminant par *-ment* ne sont pas des adverbes.

Il fut pris soudain d'un violent tremblement.
nom

69 Accord de l'adverbe *tout*

Tout est le seul adverbe qui pose des problèmes d'accord. Comme n'importe quel adverbe, *tout*, dans le sens de *entièrement, tout à fait*, est invariable.

Il était tout étonné.
Elle était tout étonnée.
Ils étaient tout étonnés.
Elles étaient tout étonnées.

Lorsqu'il est suivi d'un adjectif *féminin* commençant par une *consonne* ou un *h* aspiré, *tout* s'accorde en genre et en nombre avec cet adjectif :

Elle est venue toute seule.
Elles sont venues toutes seules.

Il a les mains tout abîmées.
Il a les mains toutes grasses.

Elle était tout attendrie.
Elle était toute honteuse.

70 Faut-il écrire *plutôt* ou *plus tôt* ?
L'adverbe *plutôt*, écrit en un seul mot, prend la signification de *de préférence*.

Je prendrai plutôt de la tarte.
(= Je prendrai de préférence de la tarte.)

On écrit *plus tôt* lorsque l'on veut signifier le contraire de *plus tard*.

Il faudra partir plus tôt pour arriver avant la cérémonie.
Il faudra partir plus tard pour arriver après la cérémonie.

71 | Définitions

Les articles font partie des déterminants au même titre que les adjectifs possessifs, les adjectifs démonstratifs, etc. Le terme *déterminant* est nouveau, mais il ne remplace pas le terme *article*. Il regroupe articles et adjectifs non qualificatifs.

DÉTERMINANTS

ARTICLES	ADJECTIFS NON QUALIFICATIFS
définis	possessifs
indéfinis	démonstratifs
partitifs	interrogatifs
	exclamatifs
	indéfinis
	numéraux

CARACTÈRES COMMUNS AUX DÉTERMINANTS

72 L'article est obligatoire

Il fait partie du groupe nominal, on ne peut le supprimer.

Il plonge dans la piscine. ⊗ *Il plonge dans la piscine.*

REM   Dans le cas de certains groupes nominaux, l'article peut disparaître.

Femmes et enfants couraient sur le port.
Ils étaient en costume médiéval.
Le train entre en gare.

L'absence de l'article renvoie alors à quelque chose de général, de non déterminé (pour plus de détails, → Déterminants, paragraphes 203 à 235).

73 Place de l'article

L'article est toujours placé à gauche du noyau nominal, mais il peut en être séparé par un ou plusieurs mots.

Les chevaux galopaient dans la prairie.
Les trois superbes chevaux galopaient dans l'immense prairie.

74 Accord de l'article

L'article, comme tout déterminant, s'accorde en genre et en nombre avec le nom qu'il accompagne.

Un cheval → *des chevaux.*

Sa présence permet de distinguer le genre du nom, particulièrement dans les cas où, à l'oral comme à l'écrit, le nom n'indique pas à lui seul son genre :

C'est un − une élève.
C'est un − une artiste.

ou change de sens en changeant de genre :

Le manche du couteau − La manche de la veste.

REM   L'article fait partie d'un ensemble limité, comme tous les déterminants (pour plus de détails, → Mots grammaticaux et mots lexicaux, paragraphes 291 à 303).

75 Différents types d'articles

Il existe différents types d'articles : définis, indéfinis, partitifs.

Chacun donne au nom qu'il accompagne une valeur particulière.

Les articles voient leur forme varier selon le mot qu'ils déterminent.

76 Articles indéfinis *(un, une, des)*

Ils accompagnent les noms qui représentent des êtres
ou des choses qui ne sont pas considérés comme connus
par celui à qui l'on s'adresse ou qui n'ont pas été déjà présentés
dans le discours oral ou dans le texte écrit.

Elle a acheté une table pour son salon.
Il aperçut un homme de petite taille.
Elle entendait des oiseaux dans le lointain.

77 Articles définis *(le, l', la, les)*

Ils accompagnent les noms qui représentent des êtres ou des choses
considérés comme connus ou qui ont déjà été présentés dans le discours
oral ou dans le texte écrit.

Elle a acheté la table du salon chez un antiquaire.
Il aperçut l'homme qu'il avait déjà rencontré la veille.
Elle entendait les oiseaux de ses voisins.

REM L'article défini peut exprimer la généralité.

La femme est trop souvent moins bien payée que l'homme
pour le même travail.

Il s'agit là de la femme et de l'homme en général, et non d'une femme
et d'un homme particuliers, véritablement définis.

78 Articles définis dits « contractés »

L'article défini *(le, la, les)* se combine avec les deux prépositions
les plus fréquentes, *à* et *de*, pour donner une forme contractée.

		COMBINÉ AVEC À	COMBINÉ AVEC DE
masculin singulier	le	au (= à le)	du (= de le)
féminin singulier	la	à la	de la
masculin et féminin pluriel	les	aux (= à les)	des (= de les)

REM Seuls *au, aux, du, des* sont en fait des formes contractées.

79 Emploi des articles définis contractés

Il va au marché tous les matins.

Il faut considérer le groupe nominal *au marché* comme un groupe nominal prépositionnel.
On rencontre les articles définis contractés dans des groupes nominaux ayant différentes constructions. Il peut s'agir de :

- Complément du nom :

  C'est la fille du général.
  Elle mange une glace au cassis.

- Complément d'objet indirect :

  Elle parle aux oiseaux.
  Il parle de la pluie et du beau temps.

- Complément circonstanciel :

  Il part aux Antilles.
  Il revient du Maroc.

80 Articles partitifs

La série *du, de la* (préposition *de* + article défini) est utilisée lorsque l'on veut signifier que l'on a affaire à une certaine quantité d'un produit (poudre, liquide, pâte…) qui ne constitue pas un ensemble d'objets isolables.

Elle mange du pain.
Il achète de la farine.

On peut aussi utiliser l'article défini, mais alors la phrase change de sens.

Elle a mangé du sucre (une certaine quantité).
Elle a mangé le sucre (tout le sucre).
Elle a commandé du pain (une certaine quantité).
Elle a commandé le pain (celui dont on a déjà parlé).

Devant les noms désignant un ensemble constitué d'objets isolables, on ne peut utiliser l'article partitif.
En revanche, l'usage de l'article indéfini ou de l'adjectif numéral devient possible.

⊘ *Il a acheté de la bille.*
 Il a acheté une bille.
  trois billes.

⊘ *Il lave du couteau.*
 Il lave des couteaux.
  trois couteaux.

81 Articles contractés et articles partitifs

Bien qu'ils apparaissent sous la même forme, *du* et *de la* jouent un rôle différent selon qu'ils sont articles partitifs ou articles contractés.

- Les articles contractés sont employés dans une construction indirecte.

Nous avons parlé de la pluie et du beau temps.
(Construction indirecte : on parle *de* quelque chose.)

- Les articles partitifs sont employés dans une construction directe.

Il a acheté du tissu et de la laine.
(Construction directe : on achète quelque chose.)

82 Articles élidés

- *Le, la* deviennent *l'* devant les mots commençant par une voyelle ou par un *h* muet.

un abricot → l'abricot
un hôtel → l'hôtel
un étroit couloir → l'étroit couloir
une horrible chose → l'horrible chose

- *Du, de la* et *des* deviennent *de* ou *d'* en présence d'une forme négative.

Je prends du sucre → *Je ne prends pas de sucre.*
⑦ *Je ne prends pas du sucre.*

Je mange de la confiture → *Je ne mange pas de confiture.*
⑦ *Je ne mange pas de la confiture.*

Elle a des amis → *Elle n'a pas d'amis.*
⑦ *Elle n'a pas des amis.*

REM Lorsqu'on veut insister sur la quantité, on utilisera *des* (qui s'oppose à *un*) :

Il ne possède pas des maisons, il n'en a qu'une.

- *Du, de la, des* deviennent *de* après des adverbes tels que *assez, trop, beaucoup.*

Elle boit du thé. Elle boit trop de thé.

- *Des* devient *de* et *d'* lorsqu'il est séparé du nom par un adjectif qualificatif (précédé ou non d'un adverbe).

Il ramasse des champignons. → *Il ramasse de gros champignons.*
⑦ *Il ramasse des gros champignons.*

Elle mange des tartines. → *Elle mange d'énormes tartines.*
⑦ *Elle mange des énormes tartines.*

83 Combinaisons possibles avec d'autres déterminants

Les articles ne peuvent se combiner qu'avec les adjectifs numéraux et les adjectifs indéfinis.

Avec les quelques dollars qui me restent,
j'irai t'acheter les vingt roses que je t'ai promises.

84 Définitions

La Grammaire pour tous et le nouveau programme
* **Les éléments jadis définis comme compléments circonstanciels sont maintenant considérés comme des groupes prépositionnels qui peuvent être :**
soit des compléments du verbe (aller en Floride, partir à la mer), soit des compléments de phrase (pendant deux ou trois ans...).
La grammaire traditionnelle propose d'utiliser le terme complément circonstanciel (CC) de temps pour parler de la fonction de *Pendant toute mon enfance* et de complément circonstanciel (CC) de lieu pour parler de la fonction de *à la mer* dans la phrase :

Pendant toute mon enfance, j'ai rêvé de partir à la mer.

Il faut voir en quoi ces mots complètent la phrase ou le verbe et sont appelés ainsi compléments de phrase ou compléments du verbe dans une compréhension ou une production de texte.

REM   Un même groupe peut, selon les phrases où il figure, jouer le rôle de complément du verbe ou celui de complément de phrase.

Le grand orignal va à la rivière.

groupe obligatoire, non permutable, donc complément du verbe.

Le grand orignal boit de l'eau à la rivière.

groupe facultatif, permutable, donc complément de phrase.

Le nouveau programme propose d'ajouter à cette observation la notion suivante : le complément de phrase est permutable ; le complément du verbe n'est pas permutable.

COMMENT IDENTIFIER LE CC ?

85 Identification du CC

On reconnaît le complément circonstanciel à ce qu'il peut, en général, être supprimé sans que la phrase où il figure soit détruite.
De plus, on peut le déplacer dans la phrase. Enfin, il peut cohabiter avec d'autres compléments circonstanciels.

86 Cas de suppression possible du CC

Le CC n'est pas indispensable à la construction de la phrase.
On peut, très souvent, le supprimer sans détruire la phrase.

Le Soleil pâlissait <u>dans le ciel</u>.   La voiture s'arrêta <u>devant le bar</u>.
Le Soleil pâlissait, la voiture s'arrêta.

Ces phrases sont des phrases acceptables.

En fait, quand on supprime le CC, on perd toujours des informations concernant les circonstances de l'action. Le sens global de la phrase est donc forcément changé.

Ils ont réussi à ouvrir la porte [<u>avec une fausse clé</u>].
La blessée marchait [<u>avec difficulté</u>].

87 Suppression du CC et changement de sens

La suppression du CC peut, dans certains cas, transformer de façon radicale ce que l'on veut dire.

Pierre boit <u>avec ses amis dans la salle du fond</u>.

Dans ce cas, on signifie que Pierre est en train d'effectuer l'action de boire en compagnie de ses amis, dans un lieu donné.
Si l'on supprime les deux compléments circonstanciels *avec ses amis* et *dans la salle du fond*, on obtient :

Pierre boit, qui est équivalent à : *Pierre est un alcoolique.*

Dans ce dernier cas, la phrase se présenterait plutôt, dans le langage parlé, sous la forme : *Pierre, il boit,* marquant ainsi que le verbe sert plus à indiquer une caractéristique de Pierre (un vice) qu'à signifier l'action que Pierre effectue. Il en irait de même avec des verbes comme *jouer, frapper, parler,* etc.

88 Cas de suppression impossible du CC

Dans certains cas, avec certains verbes qui ne peuvent se construire seuls, le CC apparaît indispensable.

Il va à Laval.
Tous les soirs, ma voisine met sa voiture au garage.

Tous les soirs peut sans peine être supprimé ; ce n'est pas le cas de *au garage* ; mais ceci n'est pas le fait du CC de lieu *au garage*, mais plutôt le fait que *mettre sa voiture* implique que l'on indique où on la met.

Elle rentre sa voiture au garage.
Elle répare sa voiture au garage.
Elle a aperçu le mécanicien au garage.

Avec ces verbes, la suppression de *au garage* ne met pas en cause le caractère complet de la phrase. On voit que dans certains cas c'est le type de verbe employé qui détermine le caractère obligatoire ou facultatif du CC.

89 Compléments de verbe et compléments de phrase : un nouveau classement

Le fait que certains CC se révèlent indispensables à la construction de la phrase a amené certaines grammaires à proposer un nouveau classement des compléments en *compléments de verbe – compléments de phrase*. Parmi les CC, ceux qui sont indispensables sont alors classés parmi les *compléments de verbe*.

Elle met sa voiture au garage.
Il va à Moscou.

→ Complément essentiel – circonstanciel, paragraphes 185 à 192

C'est en raison du caractère généralement facultatif et de la mobilité du complément circonstanciel que des grammaires récentes le distinguent nettement des compléments très liés au verbe ou compléments essentiels. En définitive, c'est le double caractère permutable et supprimable (facultatif) qui différencie le complément circonstanciel des autres compléments.

90 Place du CC

On peut le déplacer.

Le groupe CC, groupe mobile, peut se placer à n'importe quel endroit dans la phrase, sans que la signification de celle-ci en soit changée.

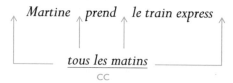

On ne peut toutefois placer le groupe CC qu'entre les groupes constitutifs de la phrase (groupe sujet, verbe, groupe COD).

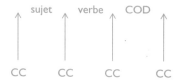

Dans le cas où il y a plusieurs CC, l'habitude veut qu'on ait tendance à placer le plus long en dernier.

L'homme s'élança sur le quai.
L'homme s'élança avec ses deux grosses valises bourrées de billets.

Il est beaucoup plus probable de trouver :

L'homme s'élança sur le quai avec ses deux valises...

que :

L'homme s'élança avec ses deux valises... sur le quai.

On peut schématiser de la façon suivante :

GNS → GV → GN (COD) → CC court → CC long

91 Mise en relief du CC

En général, l'attention est attirée par ce qui est placé en tête de la phrase.

→ Mise en relief, paragraphes 276 à 290

La voiture de police fait une ronde tous les soirs dans le quartier.
<u>Tous les soirs</u>, la voiture de police fait une ronde dans le quartier.
<u>Dans le quartier</u>, la voiture de police fait une ronde tous les soirs.

La mobilité du groupe CC permet, tout en disant la même chose, d'attirer l'attention sur telle ou telle circonstance de l'événement. On peut également attirer l'attention sur la manière avec laquelle Claire mange son pain en choisissant une place située de plus en plus vers le début de la phrase.

Claire mange son pain <u>avec un plaisir non dissimulé</u>.
Claire mange, <u>avec un plaisir non dissimulé</u>, son pain.
Claire, <u>avec un plaisir non dissimulé</u>, mange son pain.
<u>Avec un plaisir non dissimulé</u>, Claire mange son pain.

REM   Il faut noter qu'il existe certains points de la phrase où il est impossible d'insérer le CC. Ainsi :

Claire mange des bananes <u>dans la cour</u>.

Le CC *dans la cour* peut se placer entre *Claire* (sujet) et *mange* (verbe) ou entre *mange* (verbe) et *bananes* (COD) et, bien entendu, en tête de phrase. En revanche, si *Claire* est remplacé par le pronom *elle*, il devient impossible d'insérer le CC entre sujet et verbe.

⊘ *Elle <u>dans la cour</u> mange des bananes.*

De même, si *bananes* est remplacé par le pronom *les*, on ne pourra introduire le CC entre verbe et COD.

⊘ *Claire les <u>dans la cour</u> mange.*

92 Emploi de plusieurs compléments circonstanciels dans une phrase

Dans une même phrase, on peut utiliser plusieurs compléments circonstanciels sans les coordonner, à condition qu'ils expriment des notions différentes ; ils sont alors séparés par une virgule.

Le chasseur est parti <u>ce matin</u>, <u>dans les bois</u>, <u>d'un pas vif</u>, <u>pour ramener du gibier</u>.

ce matin	: CC temps
dans les bois	: CC lieu
d'un pas vif	: CC manière
pour ramener du gibier	: CC but

REM

Il n'en va pas ainsi pour les compléments essentiels
(COD, COI, COS, complément d'agent), non plus que pour le sujet.

<u>La fermière</u> et <u>sa voisine</u> vont à la chasse.
Il a tué <u>un renard</u> et <u>un lièvre</u>.
Elle a offert un cadeau <u>à sa mère</u> et <u>à sa sœur</u>.

Si, en revanche, nous avons dans la même phrase deux compléments
circonstanciels renvoyant à la même notion :

Il se promène <u>dans les bois</u> et <u>dans les prés</u>.
Elle prend son médicament <u>le matin</u> et <u>le soir</u>.

on est obligé, dans ce cas, d'utiliser la coordination *(et)*.

Il se promène <u>dans les bois</u> et <u>dans les prés</u>.
lieu   lieu

Elle prend son médicament <u>le matin</u> et <u>le soir</u>.
temps   temps

REM

Signalons cependant qu'on peut trouver dans une même phrase deux CC
renvoyant à la même notion (temps, lieu, etc.) non coordonnés :

Je te verrai <u>demain</u> <u>à cinq heures</u>.
L'arme était cachée <u>dans le salon</u>, <u>derrière le fauteuil</u>.

Dans ces deux exemples, on se rend compte que :
– *demain* et *à cinq heures* sont deux compléments circonstanciels de temps
dont le premier inclut l'autre ;
– *dans le salon* est un lieu qui inclut *derrière le fauteuil*.
C'est dans la mesure où les notions exprimées par les CC sont diverses
et distinctes les unes des autres qu'on peut les juxtaposer sans les coordonner.

93 CC et voix passive

Le complément circonstanciel n'est pas concerné par la transformation passive. Il conserve sa mobilité dans la construction active comme dans la construction passive.

Le boulanger a préparé la pâte pendant la nuit.
La pâte a été préparée par le boulanger pendant la nuit.

94 Pronoms compléments circonstanciels

Seul le CC de lieu peut être remplacé par un pronom. Alors que le sujet, le COD, le COI et le COS peuvent être remplacés par un pronom, pour ce qui concerne le CC, seul le CC de lieu peut être remplacé par les pronoms *y* et *en*.

Elle va à Québec.   *Elle y va.*
                        (*à* se remplace par *y*)

Elle revient de Sorel.   *Elle en revient.*
                        (*de* se remplace par *en*)

NATURE, CONSTRUCTION ET SENS DU CC

95 Nature et construction du CC

La fonction complément circonstanciel peut être occupée par des mots de natures très différentes : noms, pronoms, propositions et adverbes. Le complément circonstanciel peut se construire de façon directe, sans préposition, ou de façon indirecte, en étant introduit par une préposition.

96 Nature des compléments circonstanciels

Un CC peut être :

• un nom :

Le matin, je déjeune tard.

• un GN :

Tous les soirs, je regardais la télévision.
Elle lui a répondu avec gentillesse.

- un infinitif :

  On l'a trompé pour le voler.

- un pronom personnel :

  Elle se promène avec lui.

- un adverbe :

  Il descend l'escalier rapidement.

- un gérondif :

  Elle est arrivée en courant.

- une proposition subordonnée relative :

  Je voyagerai avec qui je voudrai.

- une proposition subordonnée conjonctive :

  Nous nous mettrons à table quand ils arriveront.

97 Construction des CC

Certains compléments circonstanciels peuvent se construire
avec une préposition (construction indirecte), d'autres sans préposition
(construction directe).

La nuit, il dormira, le jour, il voyagera.
Elle voyagera pendant la nuit.
On lui avait parlé méchamment.
On lui avait parlé avec méchanceté.

La présence ou l'absence de préposition ne change en rien les possibilités
de déplacement du CC. Les prépositions utilisées pour la construction
indirecte des CC sont très nombreuses. De plus, on a souvent affaire
à des locutions prépositionnelles (prépositions formées de plusieurs mots)
telles que : *à travers, au fur et à mesure de*, etc.

Elle marche	*dans*	*la forêt.*
	à travers	*la forêt.*
	autour de	*la forêt.*

Il travaille	avec	sa fille.
	pour	sa fille.
	contre	sa fille.
	sans	sa fille.
	en dépit de	sa fille.

98 CC de construction indirecte

Dans le cas où le CC est construit avec une préposition (GN prépositionnel),
il est important de ne pas le confondre avec d'autres GN prépositionnels
qui sont des COI et des COS (compléments essentiels).

Le CC est mobile, alors que les COI et COS ne le sont pas ;
le CC est généralement supprimable, au contraire des COI et COS.

Elle se souvient de ses dernières vacances.

COI non supprimable

Lors de ses dernières vacances, il a découvert la voile.

CC supprimable

99 CC de construction directe

Dans le cas où le CC est de construction directe, on peut avoir affaire
à des mots comme *la nuit, le matin*, que l'on peut aussi rencontrer
en fonction sujet ou objet.

La nuit descend vite, sous les Tropiques.

sujet

Il appelle la nuit de tous ses vœux.

COD

La nuit, il dort.

CC temps

100 Le sens des CC

Le CC indique les circonstances de l'action exprimée par le verbe ;
il donne des renseignements concernant principalement le temps, le lieu,
la manière, le moyen, la cause, le but. Ces six notions correspondent
aux six questions : *quand ? où ? comment ? avec quoi ? pourquoi ? dans quel but ?*

(CC temps)	*Elle arrivera <u>vers 5 heures</u>.*
(CC lieu)	*La bombe était déposée <u>sous une voiture</u>.*
(CC manière)	*Il mange <u>avec délicatesse</u>.*
(CC moyen)	*Elle mange <u>avec des couverts en argent</u>.*
(CC cause)	*Il tremble <u>de peur</u>.*
(CC but)	*Elle court <u>pour maigrir</u>.*

La préposition utilisée est relativement indépendante de la notion exprimée par le CC. Dans tous ces exemples, une même préposition est utilisée pour rendre compte de notions différentes.

(CC temps)	*Il vient <u>dans une heure</u>.*
(CC lieu)	*Elle travaille <u>dans sa chambre</u>.*
(CC manière)	*Elle travaille <u>dans la joie</u>.*
(CC accompagnement)	*Il mange <u>avec ses amis</u>.*
(CC manière)	*Il mange <u>avec crainte</u>.*
(CC moyen)	*Elle mange <u>avec une fourchette</u>.*

La Grammaire pour tous et le nouveau programme
• Distinctions à faire entre les compléments
Le groupe complément du nom :

Les meubles <u>de ton salon</u> sont usés.

Le groupe complément de l'adjectif :

Je suis heureuse <u>de ta visite inattendue</u>.

Le groupe complément du pronom :

Celle <u>d'entre vous</u> qui est enrhumée doit se soigner.

Le groupe complément du verbe :

Mon père se plaint <u>des rodeurs</u>.

Le groupe complément de phrase :

<u>De notre balcon</u>, on entrevoit le stade.

|01| Définitions

Il est parfois nommé *complément essentiel d'objet,*
complément essentiel direct, fonction objet direct,
fonction complément d'objet direct.
Nous utiliserons ici l'abréviation COD.

Je n'ai pas examiné <u>*ton travail*</u>.
                         COD

Le complément d'objet direct peut être classé parmi
les compléments essentiels (→ paragraphes 185 à 189)
et parmi les compléments du verbe (→ paragraphes 190 à 192).

La Grammaire pour tous **et le nouveau programme**

La notion de complément direct (CD) et de complément indirect
(CI) est une nouvelle façon de considérer le complément du verbe
comme un complément au groupe du verbe.

Dans le nouveau programme, on propose d'utiliser le terme
complément indirect (CI) à la place de complément d'objet
indirect (COI) pour parler de la fonction de « ma carrière » dans la
phrase :

Je pense à <u>*ma carrière*</u>.

L'important est de voir en quoi le groupe « ma carrière » complète
le verbe et est ainsi appelé complément indirect dans une
compréhension ou une production de texte.

IDENTIFICATION DU COD

102 Rôle du COD

Le complément d'objet direct entretient avec le sujet une relation qui passe par le verbe. Le sujet responsable de l'action l'exerce sur le COD qui la subit.

103 Définition du COD

Le COD représente l'être ou la chose sur lesquels porte l'action exprimée par le verbe.

L'enfant caresse le petit chat.
sujet   V   COD

Le vent secoue les arbres.
sujet   V   COD

REM

Il existe des verbes qui se construisent sans COD. On les appelle *verbes intransitifs*.
→ paragraphe 114

C'est le printemps, les hirondelles arrivent.

104 Fonction COD et fonction sujet

Le COD se distingue du sujet. Chacune de ces fonctions évoque des éléments différents et distincts l'un de l'autre.

Pierre regarde Paul.
sujet   COD

Pierre et *Paul* sont deux personnages différents qui jouent chacun un rôle particulier. Paul *regarde* et Pierre *est regardé*.

Il en va de même dans :

Julie aperçoit un nageur.
sujet   COD

Julie et *nageur* désignent chacun un personnage différent.
Alors que dans :

Julie est une nageuse.
sujet   attribut du sujet

les deux mots *Julie* et *nageuse* désignent le même personnage.

105 Critères d'identification du COD

Pour identifier les différents éléments de la phrase, les grammaires récentes ont tendance à faire moins appel au sens. Elles proposent des manipulations qui permettent d'identifier le COD en observant son comportement dans la phrase. C'est ce que l'on nomme *critères formels.*

106 Effacement du COD

On ne peut pas supprimer le COD. Si on réduit une phrase, on peut facilement enlever les groupes compléments circonstanciels (→ paragraphes 85 à 87). On obtient alors une phrase de base qui ne peut être réduite davantage sans devenir incompréhensible. On schématisera cette phrase ainsi :

Sujet ⟶ *Verbe* ⟶ *COD*

Les touristes ont visité <u>la cathédrale</u> [rapidement].
COD

[Tous les matins] je croise <u>le facteur</u>.
COD

Elle a rencontré <u>des amis</u> [sur la plage].
COD

On peut supprimer facilement : *rapidement, tous les matins, sur la plage.*
Il n'en va pas de même pour : *la cathédrale, le facteur, des amis.*
Les phrases qui en résulteraient :

⑫ *Les touristes ont visité.*
⑫ *Je croise.*
⑫ *Elle a rencontré.*

donnent nettement le sentiment d'être incomplètes.

Cependant, il n'en va pas de même pour tous les verbes. Certains verbes acceptent facilement qu'on supprime le COD, mais alors leur sens change.

Les cultivateurs rentrent leur récolte.
Les cultivateurs rentrent.

Il boit de l'eau.
Il boit (= c'est un alcoolique).

Dans les situations où une action est fréquemment effectuée, le verbe peut aisément perdre son COD ; cela est surtout vrai dans le langage parlé.

Il n'a pas encore chaussé. (Dans le milieu du ski.)
Amène ! (Dans le milieu de la navigation à voile.)

Dans ces exemples, l'utilisation des verbes *chausser, amener* sans COD suffit à signifier :
– que l'on chausse ses skis ;
– que l'on amène la voile.

Cette construction sans COD de verbes qui habituellement en ont besoin s'appelle *construction absolue*.

REM

Parfois, en changeant de COD, le verbe change de sens :

Elle monte <u>ses bagages</u>.   *Il monte <u>l'escalier</u>.*
         COD   COD

107 Place du COD

Le COD n'est pas permutable. Si on le permute avec le sujet, on modifie le sens de la phrase :

<u>Le chasseur</u> a tué <u>le lion</u>.

<u>Le lion</u> a tué <u>le chasseur</u>.

ou on provoque un non-sens :

<u>Ma voisine</u> a acheté <u>une voiture</u>.

⑦ <u>Une voiture</u> a acheté <u>ma voisine</u>.

La place du COD est généralement après le verbe (à droite du verbe dans la phrase écrite), alors que celle du sujet est généralement avant le verbe (à gauche dans la phrase écrite). La fonction sujet et la fonction objet dépendent de la place des noms par rapport au verbe. En cas de permutation, les noms changent de fonction.

Dans la plupart des phrases, le COD ne change pas de position, même si la phrase est interrogative ou négative.

Gérard écoute <u>la radio</u>.
Gérard écoute-t-il <u>la radio</u>?
Gérard n'écoute pas <u>la radio</u>.

Dans le cas où le COD est un pronom personnel, il se place avant le verbe, sauf dans le cas de l'impératif. → paragraphe 118

Il descend <u>la poubelle</u>. → Il <u>la</u> descend.   *Descends-la !*
Il reprend <u>du dessert</u>. → Il <u>en</u> reprend.   *Reprends-en !*

Dans la phrase classique, le COD se place à droite du verbe. Il faut bien comprendre que lorsque le sujet et le COD de la phrase sont des noms, chaque nom peut être sujet ou COD. Aucun indicateur ne venant signaler que tel nom est sujet, que tel autre est objet, on voit bien que seule la position avant ou après le verbe est susceptible d'indiquer la fonction sujet ou objet. Dans le cas où ces fonctions sont remplies par des pronoms spécifiques (*la* pour COD, *il* pour sujet), le nom COD peut se placer en tête de la phrase.

<u>Luce</u> descend <u>la poubelle</u>.
 sujet   COD

Alors, <u>la poubelle</u>, est-ce qu'<u>elle</u> <u>l'</u>a descendue, <u>Luce</u>?
        COD   sujet COD   sujet

108   Mise en relief du COD

Comme tous les compléments, le COD peut être mis en relief. Si l'on veut attirer l'attention du lecteur ou de l'auditeur sur le nom remplissant la fonction de COD, plusieurs procédés sont utilisables.

Le mazout a tué <u>ces poissons</u>.
                COD

<u>Ces poissons</u>, le mazout <u>les</u> a tués.

Elle écoute <u>ce disque</u> souvent.
           COD

<u>Ce disque</u>, elle <u>l'</u>écoute souvent.

Le COD est placé en tête de la phrase, et il est repris par un pronom personnel COD placé immédiatement avant le verbe.

Le chat préfère <u>la soupe</u>.
<u>C'est</u> <u>la soupe</u> <u>que</u> le chat préfère.
COD

Ici, la fonction du COD n'est pas rappelée comme précédemment
par un pronom spécialisé, mais par l'encadrement *C'est... que.*

REM   Si l'on veut mettre en valeur le sujet, on utilise l'encadrement *C'est... qui.*

À Québec, les touristes préfèrent <u>la cuisine</u>.
<u>Ce que</u> les touristes préfèrent à Québec, <u>c'est</u> <u>la cuisine</u>.

Dans ce dernier cas, le COD apparaît à la fin de la phrase, et sa mise en valeur
est assumée par *Ce que ... c'est.*

REM   Si l'on veut mettre en valeur le sujet, on utilise *Ce qui ... c'est ...* + sujet.

109 COD et voix passive

Le COD joue un rôle dans la transformation passive. Dans la construction
passive, le COD devient sujet sans que la phrase change de sens.

Les maçons ont construit <u>le mur</u>.
COD

<u>Le mur</u> a été construit par les maçons.
sujet

Alors que :

Les voleurs circulent la nuit.

ne peut pas donner :

⊘ La nuit est circulée par les voleurs.

car *la nuit* n'est pas COD, mais complément circonstanciel (CC).
En revanche, *la nuit* conserve sa fonction de complément circonstanciel
si on le place en tête de la phrase :

La nuit, les voleurs circulent.

Ces deux manipulations montrent bien que *la nuit* n'a pas le comportement
d'un COD dans cette phrase.

Dans certains cas, le COD, sujet d'un verbe à la voix passive, donne lieu à des phrases improbables.

Éliane regarde <u>la télévision</u>.
La <u>télévision</u> est regardée par Éliane.
Les moineaux prennent <u>la fuite</u>.
La <u>fuite</u> est prise par les moineaux.

Pour plus de détails sur ce point, → Voix passive, paragraphes 515 à 525

110 Emploi de pronoms COD

Le nom remplissant la fonction de COD peut être remplacé par un pronom personnel complément direct (*le, la, les* ou *l'* devant une voyelle).

Il ramasse une pierre   → *il <u>la</u> ramasse* (fém. sing.).
Elle ramasse un caillou   → *elle <u>le</u> ramasse* (masc. sing.).
Il ramasse les pierres   → *il <u>les</u> ramasse* (fém. plur.).
Elle ramasse les cailloux   → *elle <u>les</u> ramasse* (masc. plur.).
Il envoie un paquet   → *il <u>l'</u>envoie.*
Elle envoie une lettre   → *elle <u>l'</u>envoie.*

C'est le pronom *en* qui est utilisé si le COD est déterminé par un article partitif. → Articles, paragraphes 80, 81 et 112

     Il mange <u>la soupe</u>   → *il <u>la</u> mange.*
          COD   COD

Mais : *Il mange <u>de la soupe</u>*   → *il <u>en</u> mange.*
               COD   COD

111 Construction du COD

Le COD est un complément de construction directe.
Il se construit sans préposition :

Elle chante <u>un air d'opéra</u>.

contrairement au complément d'objet indirect → paragraphe 138

Il pense <u>à ses dernières vacances</u>.
                   COI

ou à certains compléments circonstanciels. → paragraphe 98

Elle se promène <u>avec son chien</u>.
               CC

112 COD, COI et article partitif *(du, de la…)*

Dans : *Il reprend <u>de la viande</u>.*

COD

il faut se garder d'interpréter *de* comme une préposition introduisant une construction indirecte. Pour bien différencier les cas où les articles contractés jouent le rôle d'articles partitifs des cas où il s'agit d'une proposition introduisant un complément de construction indirecte, il est intéressant de comparer les deux séries suivantes :

Elle boit <u>de</u> l'eau.
Elle boit <u>du</u> lait.
Elle boit <u>des</u> jus de fruits.
Elle boit <u>des</u> liqueurs.

Il s'empare <u>de la</u> citadelle.
Il s'empare <u>du</u> château.
Il s'empare <u>des</u> citadelles.
Il s'empare <u>des</u> châteaux.

Sous l'apparence identique des formes, on peut remarquer en fait que :
- dans la première série, deux constructions sont possibles.
  Soit *elle boit de l'eau*, soit *elle boit l'eau ;*
- dans la seconde série, seule une construction est possible :
  il s'empare du château ; ⓟ *il s'empare le château* est une forme agrammaticale.

Cela révèle les constructions différentes du verbe. On boit quelque chose (construction directe), on s'empare de quelque chose (construction indirecte). Par ailleurs, la transformation passive ne peut pas s'appliquer en cas de construction indirecte. Si l'on peut avoir à partir de la première série :

soit *Diane a renversé <u>l'eau</u>.*
→ *<u>L'eau</u> a été renversée par Diane.*

soit *Diane a renversé <u>de l'eau</u>.*
→ *<u>De l'eau</u> a été renversée par Diane.*

à partir de la seconde série, on ne peut obtenir :

L'ennemi s'empare <u>du château</u>.
→ ⓟ *<u>Du château</u> a été emparé par l'ennemi.*

113 Différence entre le COD et l'attribut

On ne trouve jamais de COD après le verbe être.

Il n'y a jamais de COD après le verbe être ni avec les verbes d'état (*paraître, sembler, devenir, avoir l'air,* etc.). Dans :

Cet homme est <u>un champion</u>.
Cet homme a l'air <u>d'un champion</u>.
Cet homme est devenu <u>un champion</u>.

le groupe nominal *un champion* est attribut du sujet et non COD (→ paragraphe 23). Les deux mots *champion* et *homme* ne désignent pas deux personnages différents.

Un champion peut être remplacé par un adjectif :

Cet homme est <u>important</u>.

alors qu'un COD ne peut jamais l'être. Il est impossible de transformer ces phrases en phrases passives.

114 Verbes transitifs et intransitifs

On peut classer les verbes en trois catégories :

- ceux qui refusent tout COD (*obéir, défiler, rire, accourir, mourir, partir,* etc.) ; ce sont des *verbes intransitifs*.

Il <u>éternue</u> sans arrêt.
Il <u>était né</u> la nuit de la Saint-Jean.

- ceux qui peuvent en accepter un, mais qui peuvent aussi s'en passer (*manger, changer, sonner, écouter,* etc.) ; ce sont des *verbes transitifs*.

On veut dire par là que c'est à travers le verbe que l'action se transmet du sujet au complément d'objet.

<u>J'ai lu</u> <u>un ouvrage très intéressant</u> sur Marie Curie.
                        COD

Pour son travail, <u>il lit</u> énormément.

L'ébéniste <u>travaille</u> <u>le bois</u>.
                        COD

Dans ces vieux meubles, le bois <u>travaille</u> toujours.

- ceux qui doivent obligatoirement se construire avec un COD
  (*apercevoir, battre, rencontrer*, etc.) ; ce sont aussi des *verbes transitifs*.

Il n'a même pas jeté un coup d'œil sur notre travail.

COD

Les enfants rencontrèrent leurs amis à la bibliothèque.

COD

On pourra savoir à quelle liste appartiennent les verbes en essayant
d'ajouter « quelqu'un » ou « quelque chose » :

On rit.	⑦ *On rit quelque chose.*
On lit.	*On lit quelque chose.*
⑦ *On rencontre.*	*On rencontre quelqu'un.*

NATURE DU COD

115 Différentes natures du COD

Le COD est une fonction liée au verbe. Des mots de différentes natures
peuvent la remplir : noms, pronoms, infinitifs ou propositions.
Le plus fréquemment, ce sont les noms et les groupes nominaux qui assument
la fonction de COD.

116 Nom COD

Le COD peut être un nom ou un groupe nominal.

Robert fume un cigare.
Robert fume de petits cigares du Brésil.

117 Infinitif COD

Le COD peut être un verbe à l'infinitif.

Vanessa aime lire.   **Équivalant à :** *Vanessa aime la lecture.*

REM

Il faut prendre garde à des constructions avec des verbes comme *vouloir, pouvoir,*
où l'infinitif qui suit ne peut pas être remplacé par un nom :

Elle peut lire.   ⑦ *Elle peut la lecture.*

Il vaut mieux considérer que *lire* est conjugué avec « l'auxiliaire » *pouvoir*
plutôt que l'interpréter comme COD du verbe *pouvoir*.

118 Pronom personnel COD

Il existe des pronoms personnels spécifiques du COD. Certains pronoms ne peuvent avoir que la fonction COD : *le, la, les, l'*. Ces pronoms sont placés avant le verbe (antéposés). Ils varient en genre et en nombre.

Elle regarde l'avion   → *elle le regarde.*
Elle mange une tarte   → *elle la mange.*
Elle a rencontré ses amis   → *elle les a rencontrés.*
Elle a acheté des fleurs   → *elle les a achetées.*
Elle envoie un paquet   → *elle l'envoie.*

Mais on rencontre aussi des pronoms personnels non spécifiques du COD :

- le pronom *en*, qui peut remplir plusieurs fonctions (COI, CC), est COD lorsque l'on a affaire à un article partitif.

Il prend du pain   → *il en prend.*
Il prend des cerises   → *il en prend.*

Il est placé avant le verbe (antéposé), mais il n'indique ni le genre ni le nombre.

- Les pronoms de première et deuxième personne, *me, te, nous, vous*, peuvent être COD (mais aussi COI). Ils sont placés avant le verbe (antéposés) et n'indiquent pas le genre ; en revanche, ils indiquent le nombre et la personne. Ils ne renvoient à aucun antécédent.

Ce chien essayait de me mordre.

119 Pronoms démonstratif, possessif, indéfini COD

Un pronom démonstratif *(celui-ci…)*, un pronom possessif *(le mien…)*, un pronom indéfini *(tout, rien…)* peuvent occuper la fonction COD.

J'ai perdu mon crayon, donne-moi le tien.

120 Pronom relatif COD

Le pronom relatif *que* remplace un COD dans une subordonnée relative.

Les feuilles que le vent a fait tomber voltigent dans l'air.

Le pronom *que* est COD du verbe *a fait tomber* ; par ailleurs, il représente *feuilles*, qui est, lui, sujet du verbe *voltigent*. → Pronoms, paragraphes 350 à 384

121 Proposition subordonnée COD

Une proposition subordonnée conjonctive introduite par les conjonctions de subordination.

Les hirondelles attendent   *que l'automne arrive.*
(= l'arrivée de l'automne)

Les clients aiment   *qu'on les serve vite.*
Elle pense   *que son père viendra.*
Dites-moi   *si cela vous gêne.*

REM Les propositions subordonnées compléments de verbe sont nommées
subordonnées conjonctives. Certaines grammaires les divisent en deux catégories :
– Les conjonctives qui sont COD, appelées *complétives* :

Je pense qu'il viendra.

– Les conjonctives qui sont compléments circonstanciels, appelées *circonstancielles* :

Il n'est pas venu parce qu'il était malade.

Les subordonnées complétives se rencontrent surtout après certains verbes du type
dire, penser, etc.
Pour plus de détails, → Propositions subordonnées, paragraphes 386 à 424.

LA FONCTION COD ET LES AUTRES FONCTIONS

122 Différence entre COD et autres fonctions

Le COD est une fonction importante qu'il faut savoir distinguer des autres
fonctions qui se rattachent au verbe. Sa position, sa construction directe,
son remplacement par des pronoms personnels permettent de le différencier.

123 COD et CC

C'est surtout le fait de pouvoir supprimer et déplacer facilement le CC
qui le distingue du COD.

Chaque matin elle boit son café avec plaisir.
      CC   COD

Elle boit son café avec plaisir chaque matin.
        COD   CC

Souvent le CC est un groupe prépositionnel, mais certains CC sont des noms sans préposition. Ceci peut être une source de confusion.

Elle travaille la nuit.
Il travaille l'anglais.

C'est le déplacement facile de *la nuit* qui permet de l'identifier comme un CC, alors que le déplacement de *l'anglais* oblige à utiliser un pronom personnel complément.

La nuit, elle travaille.
L'anglais, il le travaille.
     COD

REM   On peut cependant observer une tendance à dire :

Les voyages, j'aime. Le ski, j'adore.

124 COD et sujet

C'est par leur place par rapport au verbe que l'on peut reconnaître l'une et l'autre fonction.

Le chat mange la souris.
  sujet   COD

La souris mange le chat.
  sujet   COD

Sur la place du COD, → paragraphe 107.

125 COD et COI

Le COD se construit sans préposition.

Elle promène son chien.
          COD

Elle pense à son chien.
           COI

Mais il faut faire attention à l'article partitif qui, bien que faisant apparaître *de*, conserve la construction directe.
→ paragraphe 111

Il mange de la soupe.
        COD

126 COD et attribut du sujet

De façon générale, on trouve le COD en posant la question « quoi ? ».

Il mange (quoi ?) *de la viande.*

COD

Après *être* et les verbes d'état, il n'y a jamais de COD.

Il s'agit d'un attribut du sujet.

Il est (quoi ?) *content.*

Il semble (quoi ?) *fatigué.*

RÈGLES D'ACCORD DU COD AVEC LE VERBE

127 Règle générale d'accord

Le verbe ne s'accorde pas avec le COD mais avec son sujet,

sauf dans le cas des temps composés construits avec l'auxiliaire *avoir*

si le COD précède le verbe.

128 Accord du participe passé avec le COD

Il faut identifier le COD afin de bien assurer l'accord du participe passé

avec l'auxiliaire *avoir*. Lorsque le COD est un pronom personnel,

il se trouve avant le verbe.

Ces mouettes, je les vois.

Si l'on met le verbe à un temps composé, le participe passé devra

s'accorder avec *les*, qui désigne *mouettes*.

Ces mouettes, je les ai vues.

COD

Cet accord ne s'entend pas toujours.

La besogne que j'ai terminée.

Pour certains verbes, au contraire, cet accord s'entend,

il se prononce.

Le pantalon que j'ai mis.

La veste que j'ai mise.

On note, d'une part, une tendance, à l'oral, à ne plus marquer cet accord :

⑫ *Les fleurs que j'ai mis dans le vase.*
⑫ *La promenade que nous avons fait.*

et, d'autre part, la tendance inverse à pratiquer un accord fautif :

⑬ *Cette erreur, il l'a faite corriger.*

En effet, le participe passé de *faire* suivi d'un infinitif reste invariable même si un COD se trouve placé avant.

129 Accord du verbe aux temps simples

Dans tous les cas, le verbe ne s'accorde qu'avec son sujet, même s'il est immédiatement précédé d'un pronom personnel COD d'un genre et d'un nombre différents de celui du sujet :

Il le voit. — Il les voit.
Ils le voient. — Ils les voient.

130 Visualisation

La représentation en arbre est la suivante :

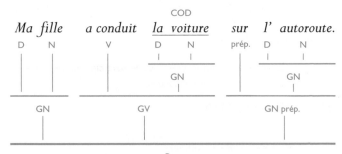

COMPLÉMENT D'OBJET INDIRECT

|3| Définitions

Il est parfois nommé : *complément essentiel indirect,*
complément indirect d'objet du verbe,
fonction complément indirect de verbe.
Nous utiliserons ici l'abréviation COI.

La Grammaire pour tous et le nouveau programme
• La notion de complément direct (CD) et de complément indirect
(CI) est une nouvelle façon de considérer le complément du verbe
comme un complément au groupe du verbe.

Dans le nouveau programme, on propose d'utiliser le terme
complément indirect (CI) à la place de complément d'objet
indirect (COI) pour parler de la fonction de « ma carrière »
dans la phrase :

Je pense à ma carrière.

L'important est de voir en quoi le groupe « ma carrière » complète
le verbe et est ainsi appelé complément indirect dans une
compréhension ou une production de texte.
Pour les grammaires qui utilisent le couple de termes :
complément essentiel / complément circonstanciel,
le COI fait partie des *compléments essentiels.*
Pour les grammaires qui utilisent le couple de termes :
complément du verbe / complément de phrase, le COI fait partie
des *compléments du verbe.* On appelle *compléments du verbe*
les compléments intimement liés au verbe (compléments
circonstanciels, compléments d'objet).

132 Critères formels de reconnaissance

On peut identifier le COI sans faire appel au sens,
grâce aux critères suivants :
– on peut difficilement déplacer le COI ;
– le plus souvent, on ne peut pas le supprimer sans détruire la phrase
où il se trouve ;
– il ne joue aucun rôle dans la transformation passive ;
– on utilise des pronoms spécifiques pour le remplacer ;
– il se construit avec une proposition.

133 COI : un complément indispensable

Le COI n'est pas supprimable.

Cette jeune femme succédera à sa mère, l'an prochain.
                                    COI   CC

Si l'on supprime *à sa mère*, les mots qui restent ne forment
pas un énoncé complet :

⊘ *Cette jeune femme succédera l'an prochain.*

alors que la suppression de *l'an prochain* appauvrit la phrase, mais ne laisse pas
cette impression d'inachèvement :

Cette jeune femme succédera à sa mère.

Il faut pourtant bien admettre qu'il ne s'agit pas là d'un caractère
généralisable à tous les COI. Dans :

Nous avons téléphoné à nos amis, dès notre retour.
                        COI   CC

la suppression de *à nos amis* (COI) n'est pas plus gênante que la suppression
de *dès notre retour* (CC de temps).

Dans la phrase :

Nous avons téléphoné.

l'énoncé qui reste est plus pauvre en informations, mais ne laisse
pas cette impression de phrase inachevée.

Comme dans le cas du COD et aussi de certains CC, c'est le verbe utilisé qui détermine le caractère obligatoire ou facultatif du COI.
On accepte facilement :

L'enfant sourit.

à partir de :

L'enfant sourit <u>à sa mère</u>.

On accepte moins facilement :

⑫ *Je m'aperçois.*

à partir de :

Je m'aperçois <u>de l'erreur que j'ai faite</u>.

REM   Les deux phrases :

Alain parle <u>à son chien</u>.
Alain parle <u>de ses vacances</u>.

se réduisent facilement et donnent, l'une comme l'autre :

Alain parle.

Il est cependant difficile de dire si l'on a affaire à un seul verbe qui signifie à la fois *s'adresser à quelqu'un*, *raconter quelque chose* et *émettre des sons avec sa bouche*, ou à trois verbes différents. Le COI pourrait modifier le sens du verbe utilisé.

Le caractère non supprimable du complément d'objet indirect ne peut être considéré comme critère suffisant à lui seul pour identifier celui-ci.

134   Mobilité du COI
Le COI n'est pas un groupe mobile. C'est encore un caractère qu'il semble avoir en commun avec le COD. La place du COI est *à droite* du verbe (après le verbe) ; on ne peut, en général, pas le déplacer.

Il pense à ses parents.   ⑫ *À ses parents il pense*
                                   est impossible.

Elle se souvient de cet événement.   ⑫ *De cet événement elle se souvient*
                                   est impossible ou relève d'un effet de style.

Mise en relief du COI

Dans certains cas, il est possible de placer le COI à gauche du verbe afin de le mettre en relief.

- Si le verbe est complété par un autre complément :

De cette affaire, la présidente n'a pas parlé en public.
À leurs parents, ils obéissent volontiers.

- Si l'on veut marquer l'opposition entre deux actions :

À Jacques je répondrai non, alors qu'à Jean je répondrai oui.

Il existe un procédé fréquemment employé dans la langue parlée, qui permet de placer le COI en tête de phrase. Le COI est alors repris par un pronom personnel.

Ce gardien, je me souviens de lui. Il était là autrefois.
Cette aventure, je n'en parlerai pas, puisqu'elle lui fait peur.

REM

Dans le cas où le COI apparaît dans une phrase comportant un COD, c'est-à-dire lorsqu'il est un complément d'objet second (COS), il devient plus facile de le déplacer avant le verbe. → Complément d'objet second, paragraphes 155 à 174

Il offre des fleurs à sa patronne.
      COD   COI (COS)

À sa patronne il offre des fleurs, à son collègue une plante en pot.
COI (COS)   COD   COI (COS)   COD

Le fait que le verbe soit complété par un COD atténue le caractère inachevé de la phrase.

COI et voix passive

Le COI ne joue aucun rôle dans la transformation passive.
Le COI ne peut pas devenir sujet de la phrase passive.
C'est là une différence essentielle de comportement par rapport au COD.
Voix active :

La mairesse a félicité cet enfant.
  sujet   COD

Voix passive :

Cet enfant a été félicité par la mairesse.
  sujet   compl. d'agent

Mais :

La mairesse parle à cet enfant.
sujet   COI

ne peut donner, à la voix passive :

⊘ *Cet enfant est parlé par la mairesse.*

137   Pronoms COI

Le nom remplissant la fonction COI peut être remplacé par un pronom personnel complément indirect *(lui, elle, eux, elles)*.

Il s'intéresse à ses élèves.	→ *Il s'intéresse à eux.*
Il se souvient de sa première flamme.	→ *Il se souvient d'elle.*
Il pense à son jardin.	→ *Il y pense.*

Les pronoms *lui, elle, eux, elles* varient en genre et en nombre.
Ils peuvent se combiner avec les deux prépositions *à* et *de*.
Si le COI représente un inanimé, ce sont généralement les pronoms *en* (correspondant à la préposition *de*) et *y* (correspondant à la préposition *à*) qui sont utilisés. Ces deux pronoms ne permettent plus de distinguer le genre et le nombre.

138   Construction du COI

Le COI est un complément indirect. Il se construit toujours à l'aide des prépositions *à* ou *de*. Le COI est un groupe nominal prépositionnel d'un type particulier.
Les prépositions utilisées sont en nombre limité *(à, de)*. De plus, elles sont étroitement liées au verbe utilisé. On parle de prépositions spécifiques, non interchangeables (non commutables), alors que dans le cas du complément circonstanciel on peut avoir de multiples prépositions.
Comparons :

Elle pense	*à*	*son travail.*	COI
Elle s'aperçoit	*de*	*son retard.*	

et

Il marche	*dans les prés*	*avec peine.*	CC
	à travers les prés	*pour passer le temps.*	
	autour des prés	*à grands pas.*	
	vers les collines	*de bonne heure.*	

Dans le cas du complément circonstanciel, le choix de la préposition est relativement libre, par rapport au verbe utilisé.

Dans le cas du COI, la préposition dépend du verbe utilisé :
on *parle à* quelqu'un, ou *de* quelque chose,
on *s'aperçoit de* quelque chose.

→ Complément circonstanciel, paragraphes 95 à 100

→ Complément circonstanciel, paragraphes 95 à 100

REM

Suivant les grammaires, on rencontrera deux types de « découpage » pour le COI :

Je parle à mon père.
 V + GN prép.

Dans ce cas, on a affaire à un verbe : *parler*, qui pourra se construire différemment.

Je parle à mon père.
 V   GN

Dans ce cas, on considère qu'à partir de *parler* il y a plusieurs verbes possibles :

Parler (une langue) (fort)
Parler à (s'adresser)
Parler de (raconter)

139 Nature des mots en fonction de COI

Le COI est une fonction liée au verbe de la phrase. Des mots de différentes natures peuvent la remplir : nom et groupe nominal, infinitif, pronom personnel ou relatif.

140 Nom COI

Le COI peut être un nom ou GN relié au verbe par une préposition.

Elle s'intéresse à la pêche.
Elle s'intéresse à la pêche au thon.

141 Infinitif COI

Un infinitif relié au verbe par une préposition peut occuper la fonction de COI.

Il pense à courir.
Il rêve de partir.

142 Pronom personnel COI

Un pronom personnel complément précédé des prépositions *à* ou *de* et placé après le verbe peut également jouer un rôle de COI.

Lorsqu'il s'agit d'un être animé, on utilise *lui, elle, eux, elles.*

Je me souviens	*de lui.*	*Je pense*	*à lui.*
	d'elle.		*à elle.*
	d'eux.		*à eux.*
	d'elles.		*à elles.*

Lorsqu'il s'agit d'un inanimé, on utilise *en* (si le verbe se construit avec la préposition *de*) et *y* (si le verbe se construit avec la préposition *à*).

Il pense à son jardin. → *Il y pense.*
Elle parle de son voyage. → *Il en parle.*

Ces pronoms se placent avant le verbe.

On observe une forte tendance, dans la langue parlée, à utiliser *en* et *y* même lorsqu'il s'agit d'êtres animés et d'êtres humains :

Il pense souvent à ce vieux comédien. → *Il y pense souvent.*

Dans l'usage contemporain, *lui, elle, eux, elles* sont réservés aux animés, alors que *en* et *y* peuvent renvoyer aussi bien aux animés qu'aux inanimés.

REM

Dans le cas particulier où le COI est un COS, le pronom se construit sans préposition et il est placé avant le verbe. → paragraphe 160

Il lui donne une pomme.

Ces pronoms ne peuvent être que *lui* et *leur.*

Aux 1re et 2e personnes, les pronoms utilisés sont *moi, toi, nous, vous,* précédés des prépositions *à* et *de*. Ils sont placés après le verbe.

Elle pense à	*moi.*	*Elle parle de*	*moi.*
	toi.		*toi.*
	nous.		*nous.*
	vous.		*vous.*

143 Pronom relatif COI

Les pronoms relatifs COI résultent de la combinaison des prépositions *à* et *de* avec la série *lequel*, etc. (n'importe quelle autre préposition peut d'ailleurs se combiner avec cette série : *avec lequel, pour lequel*, etc.).

La fille <u>à laquelle</u> je pense a déménagé.

Dans un langage soutenu, on aura tendance à utiliser la combinaison de *à* et *de* avec *qui* lorsqu'il s'agit d'un animé.

L'homme <u>de qui</u> je t'ai parlé est professeur.
L'homme <u>à qui</u> je pense pourrait nous rendre ce service.

Enfin, l'usage courant veut que l'utilisation de *dont* se généralise chaque fois que l'on a affaire à une construction avec *de* :

L'homme   <u>dont</u> je me souviens...
La femme   <u>dont</u> je me souviens...
L'arbre   <u>dont</u> je me souviens...
Les arbres   <u>dont</u> je me souviens...

Dans ce cas, il n'y a plus de distinction ni de genre, ni de nombre, ni d'animé / inanimé.
Pour plus de détails, → Pronoms, paragraphes 382 à 384.

144 Autres pronoms COI

Un pronom démonstratif *(celui-ci...)*, un pronom possessif *(le mien...)*, un pronom indéfini *(tout, rien)*, peuvent être, enfin, en fonction de COI.

Depuis son accident, il ne se souvient <u>de rien</u>.
Elle a hérité <u>de ceci</u>.
J'ai toujours rêvé <u>de la tienne</u>.

COMPARAISON DU COI AVEC D'AUTRES FONCTIONS

145 Différence entre le COI, le COD et le CC

Le COI est une fonction qui se rattache au verbe. On doit savoir le distinguer du COD qui n'est pas précédé de préposition mais aussi du CC qui est moins directement dépendant du verbe utilisé.

146 COI et COD

Trois différences de comportement permettent de distinguer le complément d'objet de construction directe du complément d'objet de construction indirecte.

- Le COD est un groupe nominal sans préposition (GN), alors que le COI est un groupe nominal prépositionnel (GN prép.).

Michel s'occupe <u>de la nourriture</u>.
COI

Michel mange <u>la tarte</u>.
COD

REM

Il faut faire attention aux *articles partitifs* qui ne jouent pas le rôle d'une préposition.

Michel mange <u>de la tarte</u>.
COD

De la tarte est de construction directe. → paragraphe III

- Le COI ne peut jamais devenir sujet de la phrase passive alors que le COD peut le devenir.

Sarah pense <u>à son chien</u>.
COI

La transcription passive :

⊘ *Son chien est pensé par Sarah* est impossible.

Mes amis ont acheté <u>cette maison</u> en 1975.
COD

<u>Cette maison</u> a été achetée par mes amis en 1975.
sujet

- Lorsque le GN COD est remplacé par un pronom personnel, on utilisera *le, la, les, l'*, placés avant le verbe.

Pierre regarde <u>le chien</u>.   *Pierre <u>le</u> regarde.*
CODCOD

Lorsque le GN COI est remplacé par un pronom, on utilisera *lui, elle, eux, elles*, placés après le verbe.

Pierre pense <u>à son chien</u>.   *Pierre pense <u>à lui</u>.*
COICOI

147 COI et COS

Le COS est un cas particulier du COI. C'est un COI qui apparaît lorsqu'il y a déjà un COD dans la phrase.
Les pronoms qui le remplacent alors sont *lui, leur,* placés avant le verbe.

Elle se souvient <u>des soldats</u>.
COI

Elle se souvient <u>d'eux</u>.
COI

Il rend la monnaie <u>aux clients</u>.
COS

Il <u>leur</u> rend la monnaie.
COS

REM   Le COS est plus facilement permutable que le COI. → paragraphe 160

148 COI et CC

Le COI est toujours un groupe nominal prépositionnel, et la préposition utilisée est soit *à,* soit *de.* Elle dépend du verbe choisi.

Elle songe <u>à ses dernières vacances</u>.

On ne peut avoir ici une préposition autre que *à.*

Elle se moque <u>de tout</u>.

On ne peut avoir ici une préposition autre que *de.*

Le CC peut être un GN prépositionnel ou toute autre chose (un adverbe, par exemple). Si l'on a affaire à un GN prépositionnel, on peut rencontrer toute une série de prépositions (dont *à* et *de*), mais elles ne dépendent pas du verbe choisi.

Il parle | *<u>à</u> tort et à travers.*
| *<u>pour</u> ne rien dire.*
| *<u>avec</u> ses mains.*
| *<u>par</u> habitude.*

Le verbe *parler* est suivi d'un GN prépositionnel dont la préposition peut varier.

EMPLOI DES PRONOMS COI

149 Difficulté d'emploi des pronoms COI

Il convient de bien reconnaître la construction indirecte d'un complément pour utiliser correctement les pronoms personnels et les pronoms relatifs correspondant au COI. Selon que le pronom remplace un être animé ou un objet, les constructions seront différentes.

150 Pronoms personnels remplaçant un COI animé

Le genre et le nombre sont marqués par le pronom en fonction du nom remplacé.

Lui, elle, eux, elles remplacent un COI animé (être humain).

Je pense à mon père
masc. sing.
→ *je pense à lui.*
masc. sing.

Je pense à ma mère
fém. sing.
→ *je pense à elle.*
fém. sing.

Je pense à mes parents
masc. pl.
→ *je pense à eux.*
masc. pl.

Je pense à mes sœurs
fém. pl.
→ *je pense à elles.*
fém. pl.

151 Pronoms personnels remplaçant un COI inanimé

Y et *en* remplacent un COI inanimé.

Je pense à mes vacances
→ *j'y pense.*

Je me souviens de mes vacances
→ *je m'en souviens.*

On constate que les pronoms *y* et *en* ne varient ni en genre ni en nombre par rapport au nom qu'ils remplacent.

152 Pronoms relatifs remplaçant un COI employé avec la préposition *de*

On prendra bien garde d'utiliser le pronom relatif qui convient en fonction de la construction directe ou indirecte et de la préposition utilisée.

L'exemple suivant :

Je t'ai parlé de cette femme.

peut donner lieu à trois constructions relatives :

C'est de cette femme que je t'ai parlé.
C'est cette femme de qui je t'ai parlé.
C'est cette femme dont je t'ai parlé.

Ⓧ *C'est cette femme que je t'ai parlé*
n'est pas acceptable.

153 Pronoms relatifs remplaçant un COI employé avec la préposition *à*

J'ai parlé à cet homme.
C'est l'homme à qui j'ai parlé.

La préposition *à* se conserve obligatoirement dans la construction relative.

La réunion   *que j'ai provoquée*
                 (on provoque quelque chose, construction directe).

                 dont je vous ai parlé
                 (on parle de quelque chose, construction indirecte avec *de*).

                 à laquelle je vous ai invités
                 (on invite à quelque chose, construction indirecte avec *à*).

154 ·Visualisation

La représentation en arbré est la suivante :

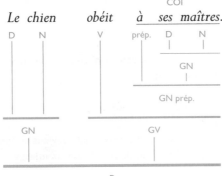

COMPLÉMENT D'OBJET SECOND / COMPLÉMENT D'ATTRIBUTION

155 Définitions

L'ancien terme *complément d'attribution* est de plus en plus remplacé par un nouveau terme : *complément d'objet second* (COS). On trouve aussi *complément d'objet secondaire, complément d'objet indirect second* (COIs) ou encore *complément attributif*.

La fermière donne du grain <u>à ses poules</u>.

Beaucoup de grammaires préfèrent ne plus utiliser le terme *complément d'attribution* parce que :
• ce terme risque de prêter à confusion avec le terme *attribut du sujet* (→ paragraphe 19), avec lequel il n'a rien de commun ;
• ne plus utiliser *attribution* permet de regrouper plus facilement des constructions identiques qui désignent tantôt celui ou celle *à qui* l'on donne, tantôt celui ou celle *de qui* l'on reçoit :

Mon voisin écrit une lettre <u>à sa sœur</u>.
Ma voisine reçoit une lettre <u>de son frère</u>.

Pour les grammaires qui utilisent le classement : complément essentiel / complément circonstanciel, le COS est un *complément essentiel* (quoiqu'on puisse parfois le supprimer). Il fait partie du groupe verbal.
Pour les grammaires qui utilisent le classement : complément de verbe / complément de phrase, le COS est un *complément de verbe* même si parfois il fait preuve d'une certaine mobilité.
Pour les grammaires qui n'utilisent ni l'un ni l'autre de ces classements, le COS ou le complément d'attribution est un complément du verbe parmi les autres (COD, COI, CC).

156 Rôle du COS

Employer un COS permet à l'action exprimée par le verbe de concerner non seulement l'être ou la chose évoqués par le COD, mais aussi un être ou une chose supplémentaires. À un même verbe sont ainsi intimement liés deux compléments.

157 Complément d'attribution

La définition du complément d'attribution fait appel au sens. On parle de complément d'attribution lorsque l'on a affaire à des compléments qui indiquent en faveur de qui ou au détriment de qui (ou de quoi) un acte est accompli.

Il a offert des fleurs à ses collègues.
Il a interdit à Jeanne de sortir le soir.

Autrement dit, les grammaires qui utilisent le terme complément d'attribution désignent par là « le bénéficiaire » ou « la victime » d'une action.

C'est toi qui remettras la coupe à la championne.
On a retiré à mon frère son permis de conduire.

REM

On précise parfois que c'est « le point ultime » de l'action.

Elle donne des roses à sa mère.
         COD   COS

158 Identifier un COS

Au terme *complément d'objet second* correspond une définition qui fait appel à cinq critères formels : présence d'un COD, place du COS, voix passive, construction indirecte, pronoms spécifiques.

159 Présence obligatoire d'un COD

Si, dans une phrase, on peut parler de complément d'objet second, c'est parce que le verbe est déjà accompagné d'un complément d'objet direct (COD). Autrement dit, il n'y a en général de COS que s'il y a déjà un COD. Si l'on essaie de supprimer le COD, on obtient une phrase incorrecte.

Il a reçu des nouvelles de son père.
⊗ *Il a reçu de son père.*

La gardienne donne des indications à un visiteur.
⊗ *La gardienne donne à un visiteur.*

C'est alors que *second* prend tout son sens : le COS accompagne un COD « premier ».

REM On peut cependant, dans certains cas, ôter le COD tout en conservant une phrase grammaticalement correcte.

Il a emprunté une grosse somme à ses parents.
Il a emprunté à ses parents.

Elle enseigne le français aux enfants allophones.
Elle enseigne aux enfants allophones.

Il donne des vêtements aux pauvres.
Il donne aux pauvres.

160 Place du COS

Second ne veut pas dire que le COS occupe obligatoirement la deuxième place. Il apparaît habituellement en deuxième position, mais on peut dans certains cas le rencontrer avant le COD.

Le général remet une décoration au caporal.
                     COD   COS

L'espionne avait fourni à l'ennemi le plan de la fusée.
                     COS   COD

On obtient dans ce cas un effet de mise en valeur du COS. Cette « inversion » se pratique d'autant plus facilement que le COD est un groupe plus long que le COS.

La presse a annoncé au monde entier le voyage du pape
                     COS   COD

en Amérique latine.
    CC lieu

161 Construction du COS

Le COS est toujours un complément de construction indirecte.

Il fait partie des compléments d'objet indirect (COI).

Après un verbe, on peut trouver soit un COD, soit un COI, soit les deux.

Il mange <u>son pain</u>.
COD

Il parle <u>de ses vacances</u>.
COI

Mais, dans le cas où le verbe est suivi d'un COD et d'un COI, ce dernier est appelé COS.

Il chante <u>une berceuse</u> <u>à son bébé</u>.
COD · · · · · · COS

La monitrice habitue <u>l'enfant</u> <u>à la discipline</u>.
COD · · · · · · COS

Certaines grammaires, pour mieux préciser, utilisent le terme de complément d'objet indirect second (COIs).

Les prépositions utilisées dans la construction du COS sont presque toujours *à*, *de* et *pour*:

Elle commande un whisky <u>à</u> la serveuse.
Il a obtenu une autorisation <u>de</u> la directrice.
Elle voudrait acheter un cadeau <u>pour</u> son fils.

162 COS et voix passive

Le COS n'est pas concerné par la transformation passive. Lorsque l'on met une phrase au passif, le COD devient sujet. Le COS, lui, reste COS.

La ministre a accordé <u>deux jours de congé</u> <u>aux élèves</u>.
COD · · · · · · · · COS

<u>Deux jours de congé</u> ont été accordés par la ministre <u>aux élèves</u>.
sujet · COS

163 Pronoms remplaçant un COS animé

On peut toujours remplacer le groupe nominal COS par un pronom personnel spécifique. Ces pronoms sont *lui* au singulier, *leur* au pluriel, si le COS désigne un être animé. Ces pronoms ne marquent que le nombre, pas le genre.

Il apporte des bonbons <u>à sa fiancée</u>.
Il <u>lui</u> apporte des bonbons.
La boulangère rend la monnaie <u>aux clients</u>.
La boulangère <u>leur</u> rend la monnaie.

REM   *Leur*, pronom en fonction de complément d'objet indirect ou de complément
d'objet second, ne prend jamais de s :

Le vieil homme <u>leur</u> racontait des histoires du passé.

164 Pronoms remplaçant un COS inanimé

S'il s'agit d'un COS désignant un inanimé (idée, objet, sentiment…),
les pronoms qui apparaissent sont *y* (correspondant à la préposition *à*)
et *en* (correspondant à la préposition *de*).
Ces pronoms ne marquent ni le genre ni le nombre du GN COS.

Il avait contraint son complice <u>au silence</u>.
Il <u>y</u> avait contraint son complice.

Elles nous soupçonnaient <u>de vol</u>.
Elles nous <u>en</u> soupçonnaient.

165 COS, COI et complément d'attribution

Après avoir passé en revue ces différents critères, on voit mieux le rapport
qui s'établit entre le terme nouveau : *COS* et le terme ancien : *complément
d'attribution*. On peut dire que les compléments d'attribution sont toujours
des COS ; en revanche, on peut rencontrer des COS qui ne sont
pas des compléments d'attribution. Mais COS et complément d'attribution
sont tous deux des COI.
On peut faire un tableau regroupant l'ensemble des compléments d'objet
indirect.

COI	*Je parle <u>à mon chien</u>.*
	COS *Ils ont accusé cet homme <u>de corruption</u>.*
	C. D'ATTRIBUTION *J'ai expédié un colis <u>à ma tante</u>.*

166 Verbes se construisant avec un COS

Le COS apparaît principalement après les verbes à double complément d'objet. Ces verbes ont souvent un sens proche de : *donner, prendre, dire.*

Voici les verbes le plus fréquemment rencontrés :

DONNER		PRENDRE	DIRE	
abandonner	*offrir*	*acheter*	*apprendre*	*interdire*
accorder	*porter*	*confisquer*	*classer*	*ordonner*
annoncer	*prescrire*	*dérober*	*commander*	*permettre*
apporter	*présenter*	*emprunter*	*crier*	*prédire*
distribuer	*prêter*	*obtenir*	*demander*	*promettre*
envoyer	*recevoir*	*voler*	*écrire*	*proposer*
fournir	*rembourser*		*engager à*	*raconter*
laisser	*remettre*		*enseigner*	*refuser*
livrer	*rendre*		*imposer*	*signaler*
montrer			*indiquer*	

La construction la plus fréquente est du type :

Donner	
Prendre	*quelque chose à quelqu'un.*
Dire	

On peut rencontrer d'autres constructions du type :

Obtenir	*quelque chose de quelqu'un.*
Recevoir	

Dans ces deux cas, le COS désigne un être animé et le COD un inanimé. En revanche, le COS est inanimé dans des constructions du type :

Prévenir	
Charger	*quelqu'un de quelque chose.*
Remercier	
Priver	

167 Tableau des pronoms personnels COS

Le complément d'objet second peut être un pronom.

Ces pronoms sont des pronoms personnels de construction indirecte ; ils varient selon la personne.

Il passe le ballon à l'ailier sous les cris du public.
Il lui passe le ballon...

PRONOMS PERSONNELS COMPLÉMENTS

INDIRECTS	DIRECTS
me	*me*
te	*te*
lui	*le / la*
nous	*nous*
vous	*vous*
leur	*les*

Les pronoms indirects ne distinguent pas le genre masculin du féminin.

Je laisse mon chien <u>à ma tante</u> / <u>à mon oncle</u>.
Je <u>lui</u> laisse mon chien. (À l'oncle ou à la tante.)

168 Construction des pronoms personnels COS

Ces pronoms perdent la préposition des groupes nominaux qu'ils remplacent :

à ma tante → *lui.*

Ils doivent cependant toujours être considérés comme indirects ;
on peut faire réapparaître la préposition en insistant sur le destinataire.

Il	<u>*me*</u>	*donne des bonbons*	→ *c'est*	*<u>à moi</u>*	*qu'il les donne.*
	<u>*te*</u>			*<u>à toi</u>*	
	<u>*lui*</u>			*à lui, à elle*	
	<u>*nous*</u>			*<u>à nous</u>*	
	<u>*vous*</u>			*<u>à vous</u>*	
	<u>*leur*</u>			*à eux, à elles*	

169 Pronoms personnels COS et COD

Les pronoms personnels qui remplacent les COS ne se distinguent de ceux
qui remplacent les COD qu'à la troisième personne du singulier et du pluriel.

Elle envoie <u>un paquet</u> par la poste.   → *Elle <u>l'</u>envoie par la poste.*
           COD

Elle envoie un paquet <u>à sa mère</u>.   → *Elle <u>lui</u> envoie un paquet.*
                             COS

Il montre <u>des roses</u>.   → *Il <u>les</u> montre.*
          COD

Il montre des roses <u>à des amies</u>.   → *Il <u>leur</u> montre des roses.*
                    COS

170 Place du pronom COS quand le COD est un groupe nominal

Si le COD est un groupe nominal, le pronom personnel qui remplace le COS se place entre le sujet et le verbe.

Le croupier distribue des jetons aux joueurs.
    sujet   V   COD   COS

Le croupier leur distribue des jetons.
    sujet   COS   V   COD

REM   À l'impératif, le pronom COS reste après le verbe :

Elle lui donne de l'argent.   *Donne-lui de l'argent !*
    COS V   V   COS

171 Place du pronom COS quand le COD est un pronom

Si le COD est un pronom personnel, le pronom personnel qui remplace le COS reste placé entre le sujet et le verbe, mais sa position par rapport au pronom COD varie suivant les personnes.

- On a l'ordre COS-COD lorsque le COS est aux première et deuxième personnes.

Le facteur	*me donne une lettre*	*un paquet.*
	COS COD	COD

Le facteur	*me la donne*	*me le donne.*
	COS COD	COS COD
	te la donne	*te le donne.*
	nous la donne	*nous le donne.*
	vous la donne	*vous le donne.*

- On a l'ordre COD-COS lorsque le COS est à la troisième personne.

Le facteur	*la lui donne*	*le lui donne.*
	COD COS	COD COS
	la leur donne	*le leur donne.*

Laure prête son livre à Kim. → *Elle le prête à Kim.* → *Elle le lui prête.*
           COD   COS   COD   COS   COD COS

REM

Dans le langage oral familier, lorsque les deux pronoms (COD et COS) sont
à la troisième personne, on n'entend pratiquement plus le pronom personnel COD :

Il me donne une pomme. → *Il me la donne.*
I m'la donne.
(Les deux pronoms restent.)

Alors que : *Je lui ai donné une pomme.* → *Je la lui ai donnée.*
J'lui ai donnée.
(Le pronom direct « disparaît ».)

COMPARAISON DU COS AVEC D'AUTRES FONCTIONS

172 COS, COI, CC et complément du nom

**En raison de sa construction indirecte et de l'emploi fréquent
des prépositions *à* et *de*, on risque de confondre le COS
avec d'autres compléments indirects construits avec les mêmes prépositions.**

- **COS - COI**

  J'offre des fleurs à ma patronne.
  <u>COS</u>

  Je pense à ma patronne.
  <u>COI</u>

- **COS - CC**

  Elle écrit une lettre au ministre.
  <u>COS</u>

  Elle écrit une phrase au tableau.
  <u>CC</u>

  Il achète un cadeau pour son fils.
  <u>COS</u>

  Il achète un cadeau pour son anniversaire.
  <u>CC</u>

- **COS - Complément de nom**

  Elle donne la pipe à papa.
  <u>COS</u>

  Elle donne la pipe à papa à réparer.
  C. du nom (dans un parler familier, au lieu de : *la pipe de papa*).

173 Symboles utilisés pour désigner le COS

On rencontre selon les grammaires les symbolisations suivantes :

Pierre	*donne*	*du pain*	*aux oiseaux.*
Sujet	verbe	COD	COS
GNI	V	GN2	GN2 prép.
GNI	V	GN2	GN3 prép.
GNS	V	GNO	GN prép.
S	V	COD	COI prép.
GS	V	COD	COIs
GN	V	GN	GN prép.

Ces diverses symbolisations soulignent toutes le fait que le COS est un groupe nominal prépositionnel qui apparaît en plus d'un groupe nominal complément d'objet de construction directe.

174 Visualisation

La représentation en arbre est la suivante :

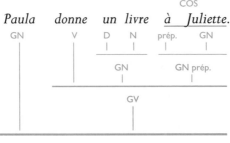

175 Définitions

Complément du nom est un terme traditionnel qui désigne
un nom (ou un groupe nominal) complétant un nom
(ou un autre groupe nominal) :

J'entends siffler le train.
J'entends siffler le train de marchandises.

Ce terme est parfois remplacé par celui de *complément
déterminatif.*

Le terme *complément du nom* sert, dans certaines grammaires,
à regrouper :
• soit les compléments facultatifs : adjectif qualificatif,
nom en apposition, subordonnée relative ;
• soit les constituants du groupe nominal dans leur ensemble,
obligatoires ou facultatifs.

Pour éviter toute confusion, on peut réserver le terme
complément du nom au nom qui complète un autre nom,
et utiliser le terme *constituants du groupe nominal*
pour l'ensemble des mots que l'on trouve dans le groupe nominal.

176 Définition du complément du nom

Le complément du nom est un nom ou un groupe nominal
qui complète un autre nom par l'entremise d'une préposition.

177 Nature du complément du nom.

Le complément du nom est un nom.

Le vélo de Pierre est cassé.

Le nom *Pierre* complète le nom *vélo*. Il en précise le possesseur.
Le complément du nom permet, comme l'adjectif qualificatif
ou la proposition subordonnée relative, de compléter le nom.
C'est donc une expansion du groupe nominal parmi d'autres.

→ Groupe nominal, paragraphes 244 à 253

Le complément du nom est un groupe nominal. Le nom complément
du nom peut lui-même être noyau d'un groupe nominal et recevoir
des expansions.

Le marin recoud le bord de la voile.

Le marin recoud le bord de la voile du bateau.

Le marin recoud le bord de la voile du bateau de son voisin.

Le marin recoud le bord de la voile du bateau de sa voisine de palier.

178 Prépositions introduisant le complément du nom

Les prépositions le plus fréquemment utilisées sont *à*, *de* et *en*.
Elles donnent des précisions de sens différents :

La fenêtre en bois (matière).
La fenêtre de la maison (appartenance).
La fenêtre aux volets fermés (caractéristique).
Un bateau de pêche (utilisation).
Un bateau à voiles (apparence ou mode d'énergie utilisée).

Les prépositions qui introduisent un complément du nom n'ont pas
de valeur propre.

Une même préposition peut introduire des compléments de sens différents.

Le train de marchandises (utilisation, caractéristique).
Le train de Québec (provenance).
Le train de 8 h 45 (heure).
Une statue de marbre (matière).

Un même sens peut résulter de l'emploi de prépositions différentes.

Une maison de granit (matière).
Une maison en granit (matière).

REM

Une tendance du français actuel consiste à ne pas utiliser de prépositions dans des expressions telles que :

Un château Renaissance (= un château de la Renaissance).
Le rayon bricolage.
Une assurance-incendie.

179 Complément du nom et complément du verbe

Tous les groupes nominaux prépositionnels qui suivent un nom ne sont pas des compléments du nom.

Elle tire la poignée du coffre (complément du nom).

Elle approche la main du radiateur (compl. du verbe).

Il apporte une cuvette d'eau froide (compl. du nom).

Il remplit une cuvette d'eau froide (compl. du verbe).

Dans certains cas, il est difficile de décider si l'on a affaire à un complément du nom ou à un complément du verbe.

Elle voit les lauriers-roses de la terrasse.

Le groupe nominal prépositionnel *de la terrasse* peut aussi bien être compris comme complément du nom *lauriers-roses* que complément du verbe *voit* (dans ce cas, *de* aurait le sens de *depuis*, et serait précédé d'une légère pause à l'oral ou d'une virgule à l'écrit).

180 Caractéristiques du complément du nom

Le complément du nom n'est pas indispensable à la construction grammaticale de la phrase ; cependant, il apporte souvent au nom qu'il suit une information essentielle.

181 Critère de l'effacement

Le complément du nom est facultatif. On peut toujours le supprimer. La phrase qui en résulte est moins riche en information mais elle n'est pas incorrecte.

Les roses <u>de mon jardin</u> sont fanées.
Les roses sont fanées.

182 Place

Le complément du nom se place après le nom.

Elle a mangé la pomme <u>de sa camarade</u>.
⊗ Elle a mangé de sa camarade la pomme.

REM Dans l'usage littéraire, on peut trouver un complément du nom placé avant le nom :

Et <u>de cette journée</u> il grava à jamais <u>le souvenir</u> dans sa mémoire.

183 Accord

Le complément du nom ne s'accorde ni en genre ni en nombre avec le nom-noyau, contrairement à l'adjectif qualificatif.

Le chien jaune / Les chiens jaunes.
Le chien du voisin / Les chiens du voisin.

REM Le complément du nom peut se mettre, selon ce qu'il désigne, soit au singulier, soit au pluriel.

Un bain <u>de mer</u> / Un bain <u>de pieds</u>.
Un choix <u>de liqueurs</u> / Une bouteille <u>de liqueur</u>.
Une boîte <u>de cigares</u> / Une bague <u>de cigare</u>.

184 Emploi de plusieurs compléments du nom

Il peut y avoir plusieurs compléments du nom non coordonnés dans un même groupe nominal. Il est intéressant d'observer comment se fait leur rattachement au nom-noyau.

- Plusieurs noms complétés

Une journée de pêche en mer du Nord.

On a affaire, ici, à une série de compléments du nom construits en cascade.

- Un seul nom complété : emploi de prépositions différentes

La fenêtre en bois de la maison.

Les deux compléments du nom se rapportent, ici, au même noyau nominal : *fenêtre.*

La fenêtre de la maison en bois.

Dans cette phrase, *bois* pourrait aussi bien compléter *maison* que *fenêtre.* En principe, on le rattache au nom qui le précède immédiatement.

- Un seul nom complété : recours à la coordination

Dans le cas où deux compléments du nom rattachés au même noyau nominal utilisent la même préposition et apportent l'un et l'autre le même type d'information, la coordination est obligatoire :

Une maison de pierre et de brique.
        matière   matière

En revanche, si le type d'information est différent, on ne peut pas coordonner.

⑫ *Une table de merisier et de salon.*
        matière   lieu où se trouve la table

On emploiera dans ce cas deux prépositions différentes.

Une table de salon en merisier.

185 Définitions

**Les termes *complément essentiel*, *complément du verbe*,
complément de phrase sont des termes nouveaux.
Le terme *complément circonstanciel* est un terme traditionnel.
Nous ne parlerons ici que du sens nouveau qu'il prend
(pour le sens traditionnel, → paragraphes 84 à 100).**

**Ces quatre termes s'organisent en deux couples :
• Complément essentiel / complément circonstanciel
Les compléments essentiels rassemblent les compléments qui sont
très liés au verbe et ont un caractère indispensable (COD, COI).
Les compléments circonstanciels rassemblent les compléments
qui ne présentent pas un caractère indispensable.
• Complément du verbe / complément de phrase
Cet autre couple de termes permet lui aussi de classer
en deux catégories l'ensemble des compléments du verbe* ;
mais ce nouveau classement, proposé plus récemment,
ne coïncide pas exactement avec le précédent.
Parmi les compléments circonstanciels, certains sont intimement
liés au verbe *(Il va à Laval)* : ils seront appelés *compléments
du verbe*. D'autres sont facultatifs *(Il rentre dans le chalet)* :
on les appellera *compléments de phrase*.
Voir la rubrique *La grammaire pour tous* et le nouveau programme
au chapitre sur le complément circonstanciel (→ 84 Définitions).**

---

* *Complément du verbe* s'oppose à *complément du nom* et désigne tous les compléments
qui se rattachent au verbe.

COMPLÉMENT ESSENTIEL / COMPLÉMENT CIRCONSTANCIEL

Ce couple de termes groupe l'ensemble des compléments du verbe, c'est-à-dire l'ensemble des groupes que l'on observe dans la phrase une fois que l'on a séparé le groupe nominal (GN) sujet du groupe verbal (GV) et que, à l'intérieur du GV, on a isolé le verbe.

186 Différences entre complément essentiel et complément circonstanciel

Comment les distinguer ?

La distinction entre complément essentiel et complément circonstanciel repose sur des manipulations qui révèlent des comportements différents. Ces critères (critères formels), qui essayent de ne pas faire appel au sens, sont principalement au nombre de deux :

- Critère d'effacement : procédure de réduction de la phrase. → paragraphe 259

Il dort <u>debout</u>. – Il dort.

- Critère de déplaçabilité : il permet de distinguer groupes mobiles et groupes difficilement mobiles. → paragraphes 263 à 266

<u>Patiemment</u>, elle s'est mise au travail.

On peut faire le tableau suivant :

	GROUPE EFFAÇABLE	GROUPE PERMUTABLE
C. essentiel *Il aimait <u>son chien</u>.*	non : ⑦ *Il aimait.*	non : ⑦ *Son chien il aimait.*
C. circonstanciel *Vanessa lit le journal <u>tous les matins</u>.*	oui : *Vanessa lit le journal.*	oui : *<u>Tous les matins</u>, Vanessa lit le journal.* *Vanessa lit <u>tous les matins</u> le journal.* Etc.

187 Fonctions des compléments essentiels et circonstanciels

Les termes correspondant aux fonctions traditionnelles peuvent donc se classer ainsi :

- Compléments essentiels : COD, COI, attribut du sujet, COS, complément d'attribution.

Il avait enfermé le lapin dans un placard.
COD

Je m'aperçois de mes erreurs.
COI

On lui a retiré son autorisation.
COS compl. attribution

- Compléments circonstanciels : les CC traditionnels exprimant le lieu, le temps, la manière, la cause, etc.

Le matin, elle part rapidement de la maison.
CC temps   CC manière   CC lieu

188 Avantages de ce classement

Il permet de regrouper l'ensemble des compléments du verbe en deux grandes catégories. C'est une tendance des grammaires nouvelles de procéder à de grands regroupements ; on n'analyse plus les mots isolés, mais des groupes de mots.

On s'efforce de faire reposer ce classement sur des comportements identiques (critères formels), et non plus sur des éléments faisant appel au sens (critères sémantiques).

189 Limites de ce classement

Il va à Laval.

À *Laval* n'est ni supprimable, ni permutable : on doit donc théoriquement le ranger parmi les compléments essentiels. Cependant, à *Laval* exprime les circonstances de l'action (lieu)… Peut-on alors dire que l'on a affaire à un complément qui serait à la fois essentiel (application des critères formels) et circonstanciel (application des critères sémantiques) ?

Il tape sur un tambour.

La phrase réduite *il tape* exige un complément (essentiel ?), mais le renseignement apporté concerne les circonstances de l'action.

En revanche, dans l'exemple suivant :

Ma cousine est tombée malade à Paris.

le groupe *à Paris*, supprimable et permutable, sera facile à ranger parmi les compléments circonstanciels. C'est en raison de ces limites (certains compléments sont *essentiels* par leur comportement et *circonstanciels* par leur sens) qu'un autre classement a été proposé. Le nouveau classement n'utilise plus le terme traditionnel de *complément circonstanciel*.

LE COUPLE DE TERMES : COMPLÉMENT DE VERBE / COMPLÉMENT DE PHRASE

Ce classement permet de regrouper en deux catégories l'ensemble des compléments : les compléments indispensables à la construction de la phrase sont appelés *compléments de verbe* ; ceux qui peuvent être supprimés sont les *compléments de phrase*.

190 Fonction des compléments de verbe
et des compléments de phrase
Le classement proposé est le suivant :
- Sont *compléments de verbe* : complément d'objet direct, complément d'objet indirect, complément d'objet second et certains « ex »-compléments circonstanciels.
- Sont *compléments de phrase* : la plupart des compléments circonstanciels sauf ceux que l'on ne peut ni supprimer, ni déplacer ; exemple : *Il va à Laval.* Le nouveau terme *complément de phrase* ne remplace pas exactement l'ancien terme *complément circonstanciel*. Les anciens compléments circonstanciels se trouvent, dans ce nouveau classement, tantôt compléments de verbe, tantôt compléments de phrase.

Carole va travailler à New York.
                        C. de phrase

Carole va à Laval.
          C. de verbe

Mon cousin s'est marié à Toronto.
                        C. de phrase

Mon cousin habite à Toronto.
                    C. de verbe

Le nouveau terme *complément de verbe* permet de regrouper
avec les traditionnels COD, COI, attribut du sujet, etc., certains compléments
circonstanciels qui donnent des renseignements sur les circonstances
de l'action mais qui n'en sont pas moins étroitement liés au verbe
dans la mesure où ils sont difficilement supprimables et permutables.
On rencontre ce cas avec des verbes qui demandent des précisions quant :
– au lieu *(aller, venir, parvenir, partir…)* :

Je viens de la ville.

– au temps *(durer, continuer, se dérouler…)* :

Cette course durera deux jours.

– à la manière *(agir, se conduire, réagir…)* :

Elle se conduit avec courage.

– à la mesure *(mesurer, peser, contenir, valoir…)* :

Il mesure un mètre cinquante.

191 Pour un classement plus complet

Si on ajoute au classement compléments de verbe / compléments de phrase le
classement construction directe / construction indirecte, on obtient un tableau
à double entrée.

	COMPLÉMENTS DE VERBE	COMPLÉMENTS DE PHRASE
Construction directe	*Cette armoire pèse cent kilos.* CC *Elle mange sa soupe.* COD *Elle mange de la confiture.* COD (avec partitif) *Cet homme est un ennemi.* Att. sujet	*Il partira lundi.* CC
Construction indirecte	*Elle pense à ses vacances.* COI *Il donne du pain aux pigeons.* COS *Elle rentre de la plage.* CC	*Il court à toute vitesse.* CC *La souris est mangée par le chat.* C. d'agent

192 Visualisation

La représentation en arbre est alors la suivante :

Pierre   va   à la chasse   tous les matins.

GNS	V	GN	GN
		complément	complément
		de verbe	de phrase

GV

P

COORDINATION
ET SUBORDINATION

COORDINATION ET SUBORDINATION
DANS UNE MÊME PROPOSITION

193 Coordination et subordination

Ce sont deux procédés différents qui mettent en relation les éléments
(mots ou groupes de mots) d'une même phrase, ou des phrases,
ou des propositions différentes.

194 Coordination : définition

La coordination relie des mots, groupes de mots ou phrases qui ont le même
statut syntaxique (mêmes fonctions). L'existence de l'un des éléments mis
en relation ne dépend pas de l'existence de l'autre.

Pierre et Jacqueline jouent au tennis.

195 Rôle de la coordination

La coordination permet d'utiliser dans la même fonction plusieurs éléments.

Jacques et Alice ont rencontré des hommes et des femmes très pauvres.
GN sujet   GN sujet   GN COD   GN COD

La rue était bordée de petites mais belles demeures.
                        adjectif épithète   adjectif épithète

Elle vivait avec son père et sa jeune sœur.
                  GN CC   GN CC

On ne peut coordonner que des éléments qui ont strictement la même
fonction dans la phrase ; il est impossible, sauf si l'on veut créer un effet
comique, de dire ou d'écrire :

Elle joue avec son père et sa nouvelle raquette.

Cette phrase est difficilement acceptable, bien que *son père* et *sa nouvelle
raquette* soient tous les deux des groupes nominaux dont la fonction
de complément circonstanciel (CC) est marquée par *avec*.
Le sens de la fonction de *son père* est de marquer l'accompagnement,
alors que le sens de la fonction de *sa nouvelle raquette* est d'indiquer
l'instrument qui est utilisé pour jouer. On devra dire :

Elle joue avec son père, (pause) *avec sa nouvelle raquette.*
                  CC acc   CC instrument

196 Subordination : définition

La subordination est une relation qui s'établit entre des mots, groupes de mots ou phrases qui ont des statuts syntaxiques inégaux, des fonctions différentes. L'existence de l'un des éléments mis en relation dépend de l'existence de l'autre.

Le père de son amie s'est chargé du gâteau.

197 Rôle de la subordination

Dans un groupe nominal, la subordination est la relation qui existe entre des mots ou groupes de mots dont l'un constitue le noyau et l'autre l'élément qui complète ce noyau.

marque de sub.

J'ai enfin vu la fille du notaire.

noyau   complément

└─rapport de sub.─┘

L'élément subordonné n'existe que parce qu'il complète l'élément noyau. Il est donc évident que l'on ne peut supprimer l'élément noyau sans supprimer du même coup l'élément subordonné. Dans la phrase suivante :

Il a racheté la voiture de Marion.

on peut supprimer l'élément subordonné :

Il a racheté la voiture.

mais on ne peut supprimer le noyau :

Ⓓ *Il a racheté de Marion.*

REM

À l'intérieur d'une même phrase, on peut utiliser de façon équivalente les termes *subordination* et *détermination* : dans l'exemple précédent, on dira que *Marion* détermine *la voiture* ou que *Marion* est subordonné à *la voiture*, ou, enfin, que *Marion* complète *la voiture*.

198 Emploi des prépositions dans la subordination

Le rapport de subordination peut exister entre des mots ou groupes de mots de même nature ou de nature différente ; il peut être ou non marqué par une préposition.

prép.

Elle dessinait une <u>robe</u> à <u>fleurs</u>.

noyau GN   complément GN
⌐rapport de sub. ⌐

Elle dessinait une <u>robe rouge</u>.

noyau   adj. subordonné
⌐rapport de sub. ⌐

REM Les *prépositions* sont utilisées pour marquer un rapport de subordination entre des éléments de même nature (nom subordonné à un nom), alors que la subordination entre des éléments de nature différente (adjectif subordonné à un nom…) n'appelle pas l'utilisation d'une préposition.

COORDINATION ET SUBORDINATION
ENTRE DES PROPOSITIONS DIFFÉRENTES

199 Conjonctions de subordination

Les mots qui servent à marquer un rapport de subordination sont en général des conjonctions de subordination comme : *que, quand, lorsque, bien que, alors que, pour que, afin que, parce que, comme, si,* etc.

Elle a dit <u>que</u> Pierre l'avait aidée.

Cette phrase est constituée de deux propositions : – *Elle a dit :* principale ; – *que Pierre l'avait aidée :* subordonnée.
Le rapport de subordination est marqué par la conjonction de subordination *que.*

200 Conjonctions de coordination

Les mots qui servent à coordonner des propositions sont appelés *conjonctions de coordination.* On classe sous la rubrique conjonctions de coordination des mots tels que : *et, ni, ou, mais, donc, car, or.*

Elle avait vu Pierre <u>mais</u> elle ne l'avait pas salué.

La phrase est constituée de deux propositions coordonnées : – *Elle avait vu Pierre ;* – *elle ne l'avait pas salué.* Le rapport de coordination est marqué par la conjonction de coordination *mais.*

Parmi les conjonctions de coordination, seules *et, ou* et *ni* peuvent coordonner à la fois des mots et des propositions ; les autres coordonnent, dans la plupart des cas, des propositions entre elles.

201 Juxtaposition

Dans tous les cas où il y a mise en relation sans utilisation de mots de liaison, on parlera de juxtaposition.

202 Comparaison entre propositions subordonnées, coordonnées et juxtaposées.

On peut obtenir des phrases ayant un sens proche :
- **Avec une conjonction de coordination**

Il n'est pas venu, car il était malade.

Les deux propositions sont reliées par *car*, conjonction de coordination ; la deuxième proposition présente la cause (la maladie) ; la première proposition présente l'effet (l'absence).

- **Avec une conjonction de subordination**

Il n'est pas venu, parce qu'il était malade.

Les deux propositions reliées par *parce que*, conjonction de subordination, entretiennent une relation du même type que dans l'exemple précédent : cause-effet.

- **Par simple juxtaposition**

Il n'est pas venu, il était malade.

Il n'y a pas de mot de liaison, une pause sépare les deux propositions. La voix ne chute pas entre les propositions, ce qui signale qu'il faut établir un rapport entre elles. Le sens obtenu est très proche de celui des deux exemples précédents.

203 Définitions

La Grammaire pour tous et le nouveau programme
• Le terme *déterminant* regroupe un ensemble de mots qui, à l'intérieur du groupe du nom (GN), ont le même comportement.
Les principaux déterminants sont :
les articles (→ paragraphes 71 et suivants) et les adjectifs non qualificatifs (possessifs, démonstratifs, numéraux, indéfinis, interrogatifs, exclamatifs : → paragraphes 211 et suivants).

Dans le nouveau programme, on propose les catégories suivantes.

Déterminant *référent*
défini, possessif, démonstratif, indéfini, etc.

Déterminant *quantifiant*
numéral, négatif, partitif, etc.

Dans la terminologie traditionnelle, le même mot *adjectif* désigne aussi bien des déterminants que l'adjectif qualificatif. Ils ont cependant un comportement syntaxique différent. Adjectifs qualificatifs et non qualificatifs n'ont en commun que le fait de s'accorder avec le nom et de le déterminer. Autrement, les adjectifs non qualificatifs ont le même comportement que les articles : ce sont des déterminants.
En raison de ces différences, les nouvelles grammaires préfèrent parler de *déterminants* plutôt que d'*adjectifs non qualificatifs* et, par exemple, de *déterminant possessif* plutôt que d'*adjectif possessif.*

204 Définition et rôle des déterminants

On appelle *déterminants* les mots comme *le, un, son, ces...* qui se placent devant le nom dans le groupe nominal. Ces mots permettent de présenter un personnage, un animal ou un objet d'une façon particulière.

205 Emploi des déterminants

Les déterminants ont un caractère obligatoire. Dans le cadre du GN, le nom-noyau est toujours accompagné d'un déterminant. La suppression du déterminant rend la phrase grammaticalement incorrecte. On peut dire :

Nos amis sont venus ; nous nous sommes promenés dans le jardin.

On ne peut pas dire :

⊗ *Nos amis sont venus ; nous nous sommes promenés dans le jardin.*

206 Omission des déterminants

Dans certains cas, on peut rencontrer des phrases grammaticalement correctes dans lesquelles le nom n'est pas accompagné d'un déterminant.

- Avec certains noms propres :

Gaston a téléphoné.
Paris est une ville extraordinaire.

- Avec certains noms communs, dans des situations particulières.
  – Étiquettes, pancartes :

Sucre
École

  – Annonces :

Vente publique
Départ dans cinq minutes

  – Titres :

« Menace de conflit en Asie » (journal)
« Crime et Châtiment » (roman)
« Prélude » (œuvre)

– Invocations :

Ô soleil !
Salut, matin !

• Avec certains groupes nominaux prépositionnels.

Ils voyagent <u>en train</u>.
Je l'ai rencontré <u>par hasard</u>.
Elle mange <u>avec plaisir</u>.

• Avec les composants d'un ensemble, on omet également les déterminants.

<u>Femmes et enfants</u> couraient sur le quai.
Il recevait <u>parents et professeurs</u>.

• Avec un nom en fonction d'attribut du sujet.

Il est <u>professeur</u> au collège.

• Avec un nom en apposition.

Ma voisine, <u>journaliste bien connue</u>, m'a expliqué toute l'affaire.

• Dans certaines expressions figées :

Il nous promettait <u>monts et merveilles</u>.
<u>Noblesse</u> oblige.
Ils s'entendaient comme <u>chien et chat</u>.

REM

Dans le cas où un mot peut être, avec la même orthographe, soit un nom,
soit un verbe, la présence du déterminant indique clairement qu'il s'agit d'un nom :

L'homme <u>peuple</u> la Terre (verbe).
<u>Le</u> peuple est en fête (nom).

207 Place des déterminants

Ils sont placés à gauche du nom dans un texte écrit, même s'il arrive
qu'ils soient séparés du nom par un ou plusieurs mots.
Le déterminant marque donc le début du GN.

<u>mon</u> ami — <u>mon</u> cher ami — mon très cher ami

REM

Pour souligner le fait qu'il précède toujours le nom, certains préfèrent employer
le terme *prédéterminant* plutôt que *déterminant*.

208 Accord des déterminants

Les déterminants portent la marque du genre et du nombre que le nom-noyau leur impose.

Le fauteuil — les fauteuils.
<small>masc. sing. masc. sing. masc. pl. masc. pl.</small>

Dans le cas où le nom a la même forme au masculin et au féminin, ou au singulier et au pluriel, la présence du déterminant permet de distinguer le genre et le nombre.

MASCULIN	FÉMININ	SINGULIER	PLURIEL
un artiste	*une artiste*	*le gaz*	*les gaz*
mon libraire	*ma libraire*	*le bois*	*les bois*

209 Genre des déterminants

Au pluriel, certains déterminants ne permettent pas de préciser le genre.

Nos élèves (masculin ou féminin ?)
Des journalistes (masculin ou féminin ?)

La distinction du genre est particulièrement utile lorsque le changement de genre entraîne un changement de sens :

Le voile de la mariée — la voile du bateau.

210 Mot grammatical

Les déterminants sont des mots grammaticaux. Ils sont en nombre limité. On dit qu'ils forment un ensemble *fini* à l'inverse d'autres constituants du groupe nominal tels que les adjectifs qualificatifs, les compléments du nom, etc. On peut toujours remplacer un déterminant par un autre déterminant :

Un chat se promène.
Le chat se promène.
Ce chat se promène.
Mon chat se promène.
Quel chat se promène ? Etc.

C'est parce qu'ils ont un comportement syntaxique identique qu'on a réuni tous ces mots dans un même ensemble : l'ensemble des déterminants.

LES ADJECTIFS NON QUALIFICATIFS

211 Tableau des adjectifs possessifs

L'adjectif possessif apporte des informations de genre, de nombre et de personne (information concernant le possesseur).

Ma veste / mon manteau
fém.   masc.

Mes chemises
pl.

Votre travail mérite tous nos compliments.
2ᵉ pl.   1ʳᵉ pl.

Il s'établit ainsi une relation entre ce qui est possédé et
— celui, celle (ou ceux, celles) qui parlent : *mon* chien, *notre* chien ;
— celui, celle (ceux, celles) à qui l'on parle : *ton* chien, *votre* chien ;
— celui, celle (ceux, celles) dont on parle : *son* chien, *leur* chien.

POSSESSEUR	POSSÉDÉ		
	SINGULIER		PLURIEL
	MASCULIN	FÉMININ	MASCULIN – FÉMININ
singulier	*mon*	*ma*	*mes*
	ton	*ta*	*tes*
	son	*sa*	*ses*
	MASCULIN – FÉMININ		MASCULIN – FÉMININ
pluriel	*notre*		*nos*
	votre		*vos*
	leur		*leurs*

REM
La distinction de genre ne peut se faire que si possesseur et possédé sont au singulier.

212 Emploi des adjectifs possessifs

Devant un mot féminin commençant par une voyelle ou par un *h* muet, on utilise *mon, ton, son* au féminin.

Sa belle histoire — son histoire.

L'adjectif possessif indique très souvent un lien social (parenté, rapport professionnel, utilisation, etc.).

Mon père — mes voisins — ma secrétaire.
Les ouvriers occupent leur usine.
J'ai perdu mon chemin.

L'adjectif peut s'utiliser également, dans certains cas, à la première personne, lorsque l'on s'adresse à un supérieur ou à une supérieure.

Mon général.

Cet usage du possessif comme marque de respect persiste à l'intérieur de mots comme : *Monsieur, Madame, Mademoiselle, Monseigneur,* etc.

Dans le cas où la possession (l'appartenance) est évidente, comme pour les parties du corps, l'usage veut que l'on n'utilise pas l'adjectif possessif si la personne est déjà clairement exprimée.

J'ai mal au ventre.
⊗ *J'ai mal à mon ventre.*

213 *Leur* adjectif possessif ou pronom personnel

Il faut distinguer *leur* pronom personnel (pluriel de *lui*) et *leur(s)* adjectif possessif (pluriel de *son, sa, ses*). *Leur* pronom personnel est invariable. *Leur* adjectif possessif s'accorde avec le nom désignant l'objet possédé.

S'ils se tiennent bien, on leur donnera une récompense.
pron. pers. invariable

Les arbres ont perdu toutes leurs feuilles en une nuit.
adj. poss.

Lorsque l'on a affaire à *leur(s)* adjectif possessif, trois cas peuvent se présenter.
- Il n'y a qu'un objet possédé pour l'ensemble des possesseurs : on utilise le singulier *leur*.

Les Durand ont marié leur fille unique.

- Il y a plusieurs objets possédés par possesseur : on utilise le pluriel *leurs*.

Ils ont mis leurs bottes.

- Lorsque l'on peut penser qu'il y a un objet possédé pour chaque possesseur, on utilise plutôt le singulier.

Ils sont venus avec leur député.
Ils ont mis leur chapeau.

Dans de tels cas, on peut cependant trouver *leur* au pluriel.

Ils sont venus avec leurs députés.

214 Tableau des adjectifs démonstratifs

	MASCULIN	FÉMININ
singulier	ce (cet)	cette
pluriel	ces	ces

REM

Au pluriel, le féminin ne se distingue pas du masculin :

ces fauteuils (masc.) — *ces chaises* (fém.)

Au masculin singulier, devant un mot commençant par une voyelle ou par un *h* muet, ce est remplacé par *cet*.

Ce chien → *cet énorme chien.*

215 Formes renforcées des adjectifs démonstratifs

Il existe des formes renforcées de l'adjectif démonstratif.

Ce livre-ci — ce livre-là.
Cette chemise-ci — cette chemise-là.

En ajoutant *-ci* ou *-là*, on peut, surtout en situation, souligner la proximité ou l'éloignement de ce dont on parle.

Il dort dans cette maison-ci
mais il prend ses repas dans cette maison-là (ici et là-bas).

Mais ces formes renforcées sont utilisées le plus souvent pour donner une symétrie à la phrase.

Je prendrai ce gâteau-ci et cette tarte-là.

216 Cet et cette

Ces deux formes de l'adjectif démonstratif sont homophones : elles se prononcent de la même façon. *Cet* est masculin ; *cette* est féminin. Pour bien les orthographier, il faut connaître le genre du nom-noyau.

Cette table (féminin) — *cet* homme (masculin).

Il est parfois pratique d'intercaler un adjectif qualificatif commençant par une consonne, tel que *petit/petite*, de manière à redonner au démonstratif une forme nettement différenciée à l'oreille et à repérer le masculin et le féminin.

Cet individu → *ce* petit individu (cet = ce).
Cette hirondelle → *cette* petite hirondelle (cette = cette).

217 Ces et ses

Ces, adjectif démonstratif pluriel, et *ses*, adjectif possessif pluriel, se prononcent de manière identique : ils sont homophones. Pour les écrire correctement, il est pratique de mettre la phrase au singulier.

Chaque année, il revend ses livres. → *son livre.*
Où peut-on acheter ces livres ? → *ce livre ?*

218 Adjectifs indéfinis

Les adjectifs indéfinis se différencient des autres adjectifs non qualificatifs par leur nombre, plus élevé, et par la difficulté que l'on rencontre à en dresser une liste complète. Ils forment un ensemble peu organisé dans lequel plusieurs classements sont possibles. Cet ensemble comprend :
- des mots : *certain, quelque, aucun, nul, chaque, différents, plusieurs, tout, tel*, etc. ;
- des locutions : *n'importe quel, beaucoup de, bien des*, etc.

219 Accord en genre des adjectifs indéfinis

Les adjectifs indéfinis s'accordent en genre avec le nom-noyau.

Tel père, tel fils ; telle mère, telle fille.
L'enquête n'a donné aucun résultat.

Certains d'entre eux : *chaque, plusieurs, quelque, même, autre*, ont la même forme au masculin et au féminin.

Ils ont ramené plusieurs brochets et plusieurs truites.

220 Accord en nombre des adjectifs indéfinis

En ce qui concerne l'accord en nombre, on peut distinguer trois types d'adjectifs indéfinis.

- Les adjectifs indéfinis qui s'accordent en nombre avec le nom-noyau :
certain, n'importe quel, tout, tel, même, quelque, autre.

<u>Tous</u> les hommes sont mortels.

Dans <u>certaines</u> circonstances, de <u>telles</u> accusations pourraient avoir de graves conséquences.

Il avait les <u>mêmes</u> chaussures et la <u>même</u> montre que son voisin.

- Les adjectifs indéfinis qui n'ont qu'une forme, le singulier :
aucun, nul, chaque, pas un, plus d'un.

L'enseignante corrigeait le cahier de <u>chaque</u> élève.

REM *Aucun, pas un* et *nul* s'accompagnent toujours de la négation *ne* :

Il n'y avait <u>aucune</u> voile à l'horizon.

- Les adjectifs indéfinis qui n'ont qu'une forme, le pluriel : *différents, divers, plusieurs.*

Elle avait rencontré <u>différentes</u> personnes, sans succès.

Il a goûté <u>plusieurs</u> gâteaux avant de se décider.

REM Les adjectifs de quantité suivis de la préposition *de (beaucoup de...)* sont invariables.

Elle avait <u>beaucoup</u> de chevaux.

221 *Quelque* et *quel que*

Il ne faut pas confondre *quelque*, adjectif indéfini, qui ne varie pas en genre, et *quel(le)... que*, adjectif interrogatif, qui précède un verbe au subjonctif.

Adjectif interrogatif :

<u>Quelle</u> que <u>soit</u> <u>ta décision</u>, je partirai.
       V   fém. sing.

<u>Quel</u> que <u>soit</u> <u>ton choix</u>, je partirai.
       V   masc. sing.

Adjectif indéfini :

<u>Quelque</u> <u>décision</u> que tu prennes, je partirai.
          nom

<u>Quelque</u> <u>choix</u> que tu fasses, je partirai.
          nom

222 Adjectifs numéraux ordinaux

Les adjectifs numéraux ordinaux (*premier, deuxième*, etc.) se combinent obligatoirement avec un autre déterminant.

Ils ont eu <u>un troisième</u> enfant.
⊛ Ils ont eu un troisième enfant.

Ils s'accordent en genre et en nombre avec le nom qu'ils accompagnent.

223 Adjectifs numéraux cardinaux

Les adjectifs numéraux cardinaux ont un comportement plus semblable aux autres déterminants.

Ce sont des mots grammaticaux. Ils forment un ensemble illimité, mais ils sont tous construits à partir d'une liste *limitée (un, deux, trois… vingt, trente… soixante, cent, mille)*. Les formes simples des adjectifs numéraux peuvent se combiner et donner des formes composées par :

- **juxtaposition (addition) :**

quarante-sept, cent six…

- **juxtaposition (multiplication) :**

quatre-vingts, trois cents…

- **coordination :**

quarante et un…

Plusieurs de ces procédés peuvent être utilisés pour former un même adjectif numéral cardinal :

quatre-vingt-douze, deux cent soixante et un…

REM
Le trait d'union n'est utilisé qu'entre les éléments qui représentent les dizaines et les unités :

mille neuf cent quatre-vingt-trois

224 Emploi des adjectifs numéraux cardinaux

En dehors de leur emploi le plus courant, celui de déterminants du nom, les adjectifs numéraux cardinaux peuvent se comporter comme des noms.

Tous les <u>trois</u> sont arrivés.
Elle a eu un <u>quinze</u> en histoire.

Ils peuvent se comporter comme des ordinaux lorsqu'ils indiquent
un rang dans une série.

Page quatorze, chapitre cinq.
Louis quatorze. (= Louis le quatorzième)
L'an mille huit cent dix.

REM

Contrairement à la règle générale (le déterminant se place avant le nom),
l'adjectif numéral cardinal se trouve ici placé après le nom.

225 Accord de l'adjectif numéral cardinal en genre
L'adjectif numéral cardinal ne s'accorde pas en genre, sauf dans le cas de *un/une.*

Vingt et un garçons / vingt et une filles.
Les mille et une nuits.

226 Accord de l'adjectif numéral cardinal en nombre
L'adjectif numéral ne s'accorde pas en nombre. Seuls *vingt* et *cent* prennent
un s lorsqu'ils sont multipliés et non suivis par un autre nombre.

Quatre-vingts — quatre-vingt-trois.   *Six cents — six cent trois.*

Dans les dates, *vingt* et *cent* ne prennent pas les marques du pluriel.

Mille neuf cent — mille neuf cent vingt.

Mille est invariable et peut s'écrire *mil* dans les dates.

L'an deux mille.
L'an mil neuf cent quatre-vingt.

227 Adjectifs exclamatifs et interrogatifs
Les adjectifs exclamatifs et interrogatifs *quel, quelle, quels, quelles* sont
des déterminants. Ils s'accordent en genre et en nombre avec le nom-noyau.
À l'oral, suivant l'intonation utilisée, la même série *(quel, quelle,* etc.)
peut servir soit à interroger, soit à manifester la surprise, l'admiration,
l'indignation. À l'écrit, la présence en fin de phrase d'un point d'interrogation
ou d'exclamation est parfois nécessaire pour distinguer les adjectifs
interrogatifs des adjectifs exclamatifs.

Quel athlète ! Quel athlète ?
Quelle journée ! Quelle journée ?

Dans certains cas, une inversion du sujet ou une tournure indirecte peuvent marquer l'interrogation et permettre ainsi de reconnaître l'adjectif interrogatif :

Quelle heure est-il ?
Par quelle rue est-elle passée ?
Je ne sais pas quelle vie ils ont menée là-bas.

228 Trois catégories d'articles

On distingue trois catégories d'articles : les articles indéfinis *(un, une, des)*, les articles définis *(le, la, les)* et les articles partitifs *(du, de la, des)*.

229 Rôle de l'article indéfini

Lorsqu'on utilise l'article indéfini *un, une* ou *des* devant un nom, on indique à celui à qui l'on parle qu'il n'a pas à se demander qui est la personne, l'animal ou l'objet dont on parle.

J'ai rencontré hier un jeune garçon. (Peu importe de qui il s'agit.)

230 Rôle de l'article défini

Lorsqu'on utilise l'article défini *le, la* ou *les* devant un nom, on indique à la personne à qui l'on parle qu'elle doit se demander qui est la personne, l'animal ou l'objet dont il est question.

J'ai rencontré le jeune garçon que nous avions pris en route.
qui est-ce ?   (moyen de découvrir son identité)

231 Emploi des articles partitifs

Du, de la et *de l'* sont des articles partitifs. On les trouve devant des noms non dénombrables, c'est-à-dire qu'on ne peut pas compter.

Je veux du riz.
art. partitif nom non dénombrable

L'article partitif est utilisé devant des noms invoquant des objets que l'on peut compter lorsque l'on veut indiquer que c'est d'une partie de l'objet qu'il s'agit.

Vous prendrez bien de la tarte.
art. partitif nom

À la forme négative, on emploie *de* à la place de *du, de la,* et *de l'.*

Je ne veux pas de riz.

232 Association de plusieurs déterminants

On distingue deux ensembles de déterminants :
- **les articles, les adjectifs possessifs et les adjectifs démonstratifs (1) ;**
- **les adjectifs indéfinis, numéraux cardinaux, interrogatifs et exclamatifs (2).**

Les déterminants d'une même série ne peuvent être combinés ensemble.
On peut dire :

un tapis / mon tapis

mais on ne peut dire :

⊘ *un mon tapis.*
    | |

On peut dire :

certains livres / trois livres

mais on ne peut dire :

⊘ *certains trois livres.*
   2   2

En revanche, les déterminants de chacune des deux catégories
peuvent se combiner entre eux.

Les quelques fruits de mon jardin.
 | 2

Mes deux amis.
 | 2

Ce même jour.
 | 2

REM   Dans ce type de combinaison, on peut parfois rencontrer plusieurs déterminants
de la catégorie 2, mais jamais plus d'un seul de la catégorie 1. On remarque que
ce dernier est toujours en première position, sauf avec *tous*.

Les trois mêmes garçons.　　*Tous les cinq jours.*
 | 2   2   2 | 2

Il faut considérer à part le cas de l'adjectif indéfini *autre* qui ne s'utilise
pas seul (sauf dans des expressions telles que *autre chose, autre part...*)
et peut se combiner largement avec les autres déterminants de sa catégorie.

Plusieurs autres enfants - aucun autre enfant, etc.

233 Classement des déterminants

En se fondant sur l'opposition de sens entre ce qui est connu et ce qui n'est pas connu (ou moins connu), on peut classer les déterminants en deux catégories.

234 Déterminants d'êtres ou de choses connus

Les déterminants que l'on utilise pour accompagner un nom désignant ce qui est bien connu ou ce dont on a déjà parlé sont :

- les articles définis *le, la, les* qui sont utilisés lorsque l'identité de ce qui est désigné par le nom est sans ambiguïté ;

<u>Le</u> papier coûte cher.
<u>Le</u> soleil brille toute l'année là-bas.
<u>Les</u> vacances sont proches.
<u>La</u> récolte a été bonne cette année.

- les adjectifs démonstratifs *ce, cette, ces* qui sont utilisés souvent en situation, lorsque l'on montre l'objet en question ou lorsque l'on cite à nouveau ce dont on a déjà parlé ;

Ne prends pas <u>ce</u> chemin, prends l'autre,
tu arriveras beaucoup plus vite (on montre le chemin).

Il y avait une voiture arrêtée dans la rue, et <u>cette</u> voiture n'était pas éclairée (on a déjà parlé de la voiture).

- les adjectifs possessifs *mon, ton, son,* etc., qui indiquent, outre un rapport de possession, quelque chose de précis, de défini ;

<u>Mon</u> vélo a dix vitesses, <u>ton</u> vélo n'en a que trois.
<u>Sa</u> sœur a réussi <u>son</u> examen.

- les adjectifs exclamatifs *quel, quelle,* etc., peuvent se rattacher à cette catégorie. Dans :

<u>Quelle</u> aventure !
<u>Quel</u> grand acteur !

on fait référence à une aventure connue ou à une personne dont on a déjà parlé.

235 Déterminants d'êtres ou de choses inconnus

Les déterminants que l'on utilise devant un nom désignant ce dont on ne précise pas l'identité ou ce dont on parle pour la première fois sont :

- les articles indéfinis *un, une, des* ;

Je veux <u>une</u> bouteille.

- les adjectifs indéfinis *tout, chaque, aucun*, etc. ;

Je veux <u>quelques</u> bouteilles.
Je ne veux <u>aucune</u> bouteille.

- les articles partitifs *du, de la* qui désignent une quantité indéfinie ;

Il a mangé <u>du</u> fromage.

- les adjectifs numéraux qui ne précisent pas l'identité de ce dont on parle ;

La directrice a convoqué <u>trois</u> élèves.

REM Si on veut préciser l'identité de ce dont on parle, il faut combiner l'adjectif numéral à un déterminant défini.

La directrice a convoqué <u>ces trois</u> élèves.
La directrice a convoqué <u>les trois</u> élèves qui…

236 Définitions

Les grammaires utilisent de manière assez semblable les termes de *groupe* et de *syntagme*. Ces deux termes désignent un ensemble de mots qui sont tous en relation avec un même élément appelé *noyau* ou *chef de groupe*.

GROUPE NOMINAL ET GROUPE VERBAL

237 Définition du groupe nominal et du groupe verbal

Une phrase peut s'analyser en deux groupes constitutifs : le groupe nominal et le groupe verbal. Chacun de ces deux groupes se définit par la nature de son propre noyau : un nom pour le groupe nominal et un verbe pour le groupe verbal.

Ainsi, la phrase :

Un gros poulet lui suffit à peine pour son dîner.

se décompose en :

– *Un gros poulet* : groupe nominal, organisé autour du nom *poulet*.
– *lui suffit à peine pour son dîner* : groupe verbal, organisé autour du verbe *suffire*.

238 Visualisation

On peut schématiser la composition de la phrase ainsi :

P (phrase) ⟶ GN (groupe nominal) + GV (groupe verbal)

La représentation en arbre permet de schématiser l'analyse de cette phrase.

239 Thème et propos

On notera que l'analyse de la phrase en deux groupes (GN et GV) est proche de celle obtenue en posant les deux questions suivantes :

– De quoi parle-t-on ? *D'un gros poulet.*
– Qu'en dit-on ? *Qu'il lui suffit à peine pour son dîner.*

On appellera *thème* le groupe qui désigne ce dont on parle et *propos* le groupe qui permet de dire quelque chose du thème.

Le groupe verbal s'analyse lui-même en plusieurs groupes.
Examinons l'exemple suivant :

Tiphaine saisit sa main.

Cette phrase se décompose en :
– *Tiphaine* : groupe nominal
– *saisit sa main* : groupe verbal.

Le groupe verbal s'analyse à son tour en :
– *saisit* : verbe
– *sa main* : groupe nominal.

La représentation en arbre reflète cette analyse :

On voit donc apparaître un nouveau groupe nominal à l'intérieur du groupe verbal.

REM   Afin de ne pas faire de confusion entre les groupes nominaux, certaines grammaires
tentent de les différencier :
– soit en utilisant le terme de sujet pour le premier groupe nominal :
Tiphaine sera appelé *groupe nominal sujet* : GNS ;
– soit en numérotant les groupes nominaux : GN1 pour *Tiphaine*, GN2 pour *sa main*.

Le groupe nominal verbal peut être beaucoup plus complexe.
Analysons la phrase suivante :

La jeune femme présenta son travail à l'assemblée.

Elle se découpe en deux groupes :
– *La jeune femme* : groupe nominal (sujet ou I)
– *présenta son travail à l'assemblée* : groupe verbal.

Le groupe verbal s'analyse lui-même en trois éléments :
– *présenta* : verbe
– *son travail* : groupe nominal complément d'objet direct
– *à l'assemblée* : groupe nominal prépositionnel, appelé ainsi parce qu'il comporte la préposition *à*.

On peut schématiser la composition de cette phrase ainsi :
GV ⟶ V + GN + GN prép.

La représentation en arbre permet de montrer l'articulation des différents groupes :

La jeune femme   présenta   son travail   à l'assemblée.
   GN   V   GN   GN prép.

                          GV

                     P

ANALYSE DE LA PHRASE EN GROUPES FONCTIONNELS

241 Définition du groupe fonctionnel

Autour du noyau verbal, la phrase s'organise en groupes de mots qui sont chacun reliés au centre verbal et qui ont chacun une fonction déterminée.
On différencie ainsi les groupes sujet, objet, circonstanciel, etc.
On appelle ces groupes *groupes fonctionnels*.

242 Premier exemple d'analyse

Cette rencontre inattendue emplit l'homme de joie.

Le noyau verbal est *emplit* (il est distingué par la marque *-it* du passé simple).
Autour de ce noyau, nous distinguons trois groupes fonctionnels :
- Le groupe fonctionnel sujet : *Cette rencontre inattendue.*
  Ce groupe est composé d'un nom : *rencontre*, que complètent un déterminant, *cette* (adjectif démonstratif), et un adjectif qualificatif, *inattendue.*
  La fonction du groupe est marquée par sa position avant le verbe.
- Le groupe fonctionnel complément d'objet direct : *l'homme.* Ce groupe est composé du nom *homme*, que complète le déterminant *l'* (article défini).
  La fonction du groupe est marquée par sa position après le verbe.
- Le groupe fonctionnel complément circonstanciel : *de joie.*
  Ce groupe est relié au verbe par la préposition *de* ; il est composé d'un nom, *joie.*

Nous constatons que chacun des trois groupes fonctionnels remplit par rapport au noyau verbal une fonction particulière. À l'intérieur de chacun des groupes, nous observons un nom, relié directement au verbe, que complètent des déterminants (articles, adjectifs non qualificatifs), des adjectifs qualificatifs ou des noms compléments de nom.

243 Deuxième exemple d'analyse

Depuis des heures, dans le creux d'un rocher, l'alpiniste épuisée attendait avec patience un secours sans doute imminent.

La phrase s'organise autour du noyau verbal, *attendait*, qui porte la marque *-ait* de l'imparfait. Autour du noyau verbal, nous distinguons cinq groupes fonctionnels :
- *Depuis des heures* : groupe fonctionnel complément circonstanciel de temps ; sa fonction est marquée par la préposition *depuis*. Il est composé d'un nom, *heures*, et d'un déterminant, *des* (article indéfini pluriel).
- *Dans le creux d'un rocher* : groupe fonctionnel complément circonstanciel de lieu ; sa fonction est marquée par la préposition *dans*. Il est composé du nom *creux*, que complètent un autre nom, *rocher* (complément de nom), et un déterminant, *le* (article défini). Le nom *rocher* est lui-même déterminé par l'article indéfini *un*.

- *L'alpiniste :* groupe fonctionnel sujet. Sa fonction est marquée par sa position avant le verbe. Le groupe se compose du nom *alpiniste,* que complètent un adjectif, *épuisée,* ainsi qu'un déterminant, *l'.*
- *Avec patience :* groupe fonctionnel complément circonstanciel de manière. Sa fonction est marquée par la préposition *avec.* Ce groupe est composé de la préposition *avec* et du nom *patience.*
- *Un secours sans doute imminent :* groupe fonctionnel complément d'objet direct. Sa fonction est marquée par sa position après le verbe *attendait.* Ce groupe est composé du nom *secours* qui est déterminé par l'article *un,* complété par l'adjectif qualificatif *imminent,* lui-même déterminé par la locution adverbiale *sans doute.*

244 Définitions

Certaines grammaires, pour distinguer les différents groupes nominaux d'une phrase, précisent leur fonction (GNS = groupe nominal sujet) ou les numérotent (GN1, GN2, GN3, etc.).

CONSTITUTION DU GROUPE NOMINAL

245 Définition du groupe nominal

Le groupe nominal est constitué d'éléments qui se rattachent
tous à un nom-noyau. Certains de ces éléments sont obligatoires,
d'autres sont facultatifs.

246 Définition du noyau nominal

Le groupe nominal comporte toujours un nom appelé noyau ou *chef de groupe*,
ou *mot-support*.
Ce nom est indispensable, on ne peut jamais le supprimer.

Le Soleil pâle descend sur la mer.
 GN

⑦ *Le Soleil pâle descend sur la mer.*

Parfois un nom peut, à lui tout seul, constituer le groupe nominal.
C'est le cas en particulier de certains noms propres.

Coralie nage sur le dos.

La plupart du temps, le nom est accompagné d'autres mots, qui sont appelés
constituants du groupe nominal ou encore *compléments de nom*.
Ces autres mots qui constituent le groupe nominal sont soit obligatoires,
soit facultatifs. Ils précisent ou restreignent le sens du nom.

247 Constituants obligatoires du GN

Les grammaires nouvelles les appellent *déterminants* ou *déterminatifs*
(→ paragraphe 203). On regroupe sous ce terme ce que traditionnellement
on nomme *articles* et *adjectifs non qualificatifs* (possessifs, démonstratifs, etc.).

248 Identification des constituants obligatoires du GN

Les constituants obligatoires du groupe nominal (les déterminants) présentent
simultanément les caractères communs suivants :
• On ne peut les supprimer sans rendre la phrase grammaticalement incorrecte.
• Ils s'accordent avec le nom.
• Ils appartiennent à des ensembles fermés.
  Ce sont des mots grammaticaux.
  → Mots grammaticaux et mots lexicaux, paragraphes 291 à 303

249 Nature des constituants non obligatoires du GN

Ils sont de trois types :

- Les adjectifs qualificatifs épithètes ou mis en apposition.

→ paragraphes 26 à 37

Le chien jaune a aboyé toute la nuit.

- Les compléments du nom (ou compléments déterminatifs).
Ce sont des groupes nominaux prépositionnels. → paragraphe 178

Le chien des voisins a aboyé toute la nuit.

- Les propositions subordonnées relatives. → paragraphe 388

Le chien qui est malade a aboyé toute la nuit.

Certaines grammaires font entrer dans cette catégorie le nom mis en apposition.

Mon ami, un berger, m'a tout raconté.

250 Identification des constituants non obligatoires du GN

- Ils sont facultatifs ; on peut les supprimer. La phrase est moins riche mais elle reste correcte.

Le chien des voisins a aboyé toute la nuit.
Le chien a aboyé toute la nuit.

- Ils ne sont pas toujours placés avant le nom-noyau
(contrairement aux déterminants).
L'adjectif qualificatif peut généralement se trouver soit avant,
soit après le nom :

Elle a mangé un énorme rôti. Elle a mangé un rôti énorme.

Le complément du nom est placé après le nom :

Il porte une chemise en nylon.

La proposition relative est également placée après le nom :

La pelouse que j'ai tondue ce matin est superbe.

- Ils n'appartiennent jamais à des listes courtes (fermées).
  On ne peut dénombrer ni les adjectifs qualificatifs, ni les compléments du nom, ni les propositions subordonnées relatives : ce sont des constituants de type lexical et non grammatical.
  → Mots grammaticaux et mots lexicaux, paragraphes 291 à 303
- En ce qui concerne l'accord, seul l'adjectif qualificatif s'accorde avec le nom-noyau. Le complément du nom et la proposition subordonnée relative ne s'accordent pas.

REM

Le caractère facultatif des expansions du groupe nominal et le caractère obligatoire des déterminants permettent d'envisager la notion de groupe nominal minimum à deux termes : déterminant + nom. Il peut même se réduire à un seul nom dans le cas d'un nom propre :

La grande table en bois de merisier est cassée.
La table est cassée.
Maria est partie.

FONCTIONS DU GROUPE NOMINAL

251 GN complément du verbe

Le groupe nominal peut remplir toutes les fonctions qui se rattachent au verbe : il peut être sujet, complément d'objet direct ou indirect, complément d'objet second, complément circonstanciel, complément d'agent.

Il a donné un bouquet à la mère de son ami.
GN COS

252 GN complément du nom

Le groupe nominal peut être complément d'un nom, lui-même noyau d'un autre groupe nominal :

Ils ont démoli la belle maison en briques rouges.
V GN

Le GN *en briques rouges* est complément du nom-noyau *maison*, et le GN *la belle maison en briques rouges* est complément du verbe *démolir*.

253 Tableaux des équivalences entre termes nouveaux et termes anciens

Le tableau ci-dessous fait apparaître l'articulation entre anciens et nouveaux termes.

LES CONSTITUANTS DU GROUPE NOMINAL

	TERMES TRADITIONNELS	TERMES NOUVEAUX	PROPRIÉTÉS

Mots grammaticaux	- les articles
	- les adjectifs
	  non qualificatifs
	- les adjectifs
	  déterminatifs
	  (possessifs,
	  démonstratifs,
	  indéfinis, numéraux,
	  interrogatifs,
	  exclamatifs)
		- les déterminants
		
		- les déterminatifs
			- obligatoires
			  (essentiels)
			- place fixe avant
			  le nom
			- s'accordent avec
			  le nom-noyau
			- appartiennent
			  à des ensembles
			  fermés
			  (grammaticaux)

Nom	- nom	- noyau
		- mot-support
		- chef de groupe
			- noyau du GN
			- obligatoire (essentiel)
			- appartient à des
			  ensembles ouverts
			  (aux mots lexicaux)

Mots lexicaux	- les adjectifs
	  qualificatifs épithètes
	- les compléments
	  du nom
	- les compléments
	  de détermination
	- les noms
	  compléments de nom
	- les subordonnées
	  relatives
	- les phrases relatives
		- les compléments
		  déterminatifs
		- les constituants
		  du groupe nominal
		- les expansions
		  du groupe nominal
		- les groupes nominaux
		  prépositionnels
			- facultatifs
			- pas de place fixe
			  avant le nom
			- ne s'accordent pas
			  avec le nom-noyau
			  (sauf l'adjectif)
			- appartiennent à des
			  ensembles ouverts
			  (lexicaux)

Dans le tableau ci-contre, les termes nouveaux ne remplacent pas les termes anciens, ils les regroupent.

Toutes les grammaires s'accordent pour regrouper en deux grandes catégories les différents mots qui constituent le groupe nominal :
– les déterminants : constituants obligatoires,
– les autres mots : constituants facultatifs,
et pour souligner les caractères communs aux éléments de chacune de ces catégories.

Étant donné que l'on se trouve en présence d'une abondance de termes différents désignant les mêmes réalités grammaticales (plusieurs termes par case), on pourrait choisir pour chaque cas un terme unique, évitant toute ambiguïté :
– *déterminant* est plus utilisé que *déterminatif* ;
– *complément du nom* pourrait être réservé au traditionnel complément de nom ;
– *déterminants* pourrait être réservé pour désigner l'ensemble des mots qui accompagnent obligatoirement le nom dans le groupe nominal.
On utiliserait alors le terme *expansion du groupe nominal* pour nommer les constituants facultatifs.

On peut alors construire le même tableau avec des termes mieux adaptés et ne faisant pas double emploi (un seul terme par case).

LES CONSTITUANTS DU GROUPE NOMINAL

NOM				
MOTS GRAMMATICAUX		MOTS LEXICAUX		
déterminants		expansions du groupe nominal		
articles	adjectifs non qualificatifs	adjectifs qualificatifs	compléments du nom	subordonnées relatives

MANIPULATIONS

254 Définitions

Les manipulations portent soit sur des groupes de mots
à l'intérieur de phrases, soit sur des mots à l'intérieur
de groupes de mots.

Elles sont utilisées pour établir des classes de mots
(→ paragraphe 303) ou pour préciser les critères qui permettent
de reconnaître chaque fonction.

Les principales manipulations sont : la *réduction*, le *déplacement*,
la *permutation*, l'*expansion*, la *commutation*.

255 Principes d'emploi de la manipulation

Chaque fois que l'on manipule un élément d'une phrase, on doit nécessairement savoir ce que l'on veut mettre en évidence. S'agit-il d'un mot ou d'un groupe de mots ? Veut-on juger de la pertinence de sa position ? Veut-on prouver qu'il est indispensable à l'existence de la phrase… ?

256 Objet de la manipulation

Que manipule-t-on ? Il est important, en ce qui concerne le bon usage de chacune des procédures, de bien savoir que l'on peut faire porter la manipulation :

- sur un groupe de mots dans le cadre d'une phrase

Elle s'est cassé la jambe, cet hiver.
Cet hiver, elle s'est cassé la jambe.

Procédure de déplacement.

- sur un mot dans le cadre d'un groupe de mots

Il portait une superbe chemise rouge.
Il portait une chemise rouge.

Procédure de réduction.

257 Vérification de la manipulation

Chaque fois que l'on manipule une phrase, le sens de cette phrase se trouve modifié. Il reste à savoir si la phrase obtenue reste grammaticalement correcte. En fait, quelles que soient les procédures appliquées, quatre cas peuvent se présenter.

- La phrase obtenue est moins riche en information, mais son sens n'est pas fondamentalement changé.

Mes amis sont partis de bonne heure.
Mes amis sont partis.

Procédure de réduction.

- La phrase obtenue est moins riche en information et son sens d'origine est modifié.

Le cultivateur monte un sac de blé.
Le cultivateur monte.

Procédure de réduction.

- La phrase obtenue n'a pas de sens mais elle reste grammaticalement correcte.

Le vent plie l'arbre.

L'arbre plie le vent.

Procédure de permutation.

- La phrase obtenue n'a plus de sens et n'est plus correcte grammaticalement.

Elsa arrivera par le train de 5 heures.
⊘ arrivera par le train de 5 heures.

Procédure de réduction.

258 Différentes procédures

Chacune des manipulations correspond à une intention de mettre en évidence tel ou tel mécanisme de la phrase : la réduction permet de savoir ce qui est indispensable à la construction de la phrase ; la permutation permet de juger si la place d'un mot est pertinente ; la commutation permet d'établir des catégories de mots.

259 Réduction : définition

Réduire consiste à supprimer un groupe de mots dans une phrase ou à supprimer un mot dans un groupe de mots.
Le test de la réduction révèle le caractère obligatoire (essentiel, indispensable) ou le caractère facultatif (non essentiel) d'un mot dans un groupe ou d'un groupe dans une phrase.
On appelle aussi cette manipulation *suppression* ou *effacement* ou encore *soustraction*.

260 Suppression d'un groupe dans une phrase

Le chien rongeait son os.
GN sujet

⊘ rongeait son os.

Le GN sujet apparaît comme obligatoire, non supprimable.

Mon voisin va à la pêche.
GN CC

⊘ Mon voisin va.

Le GN CC apparaît ici comme obligatoire. C'est un complément de verbe.
→ Complément essentiel/circonstanciel, paragraphe 190

Les chasseurs marchent dans la prairie.
GN CC

Les chasseurs marchent.

Le GN CC n'est, cette fois, pas obligatoire. C'est un complément de phrase.

261 Suppression d'un mot à l'intérieur d'un groupe nominal

Les vagues aux crêtes blanches poussent le canot pneumatique.
      GN sujet   GN COD

Dans ces deux groupes nominaux, ni *les*, ni *le* ne peuvent être supprimés.
Dans le cadre du groupe nominal, le test de la réduction permet de faire
apparaître les constituants obligatoires du groupe, les *déterminants*.
La phrase sans déterminants est impossible :

Ⓐ vagues aux crêtes blanches poussent canot pneumatique.

On peut en revanche supprimer les constituants facultatifs : les *expansions
lexicales* (adjectifs, compléments du nom, subordonnées relatives…) :

Les vagues poussent le canot.

262 Phrase minimum
Si l'on supprime tous les mots qui ne sont pas strictement indispensables
à la construction grammaticale de la phrase, on obtient une *phrase minimum*.

263 Déplacement : définition
Déplacer consiste à changer la place d'un mot ou d'un groupe de mots.

264 Déplacement d'un groupe dans la phrase
Cette manipulation peut se révéler très utile pour distinguer différentes
fonctions à l'intérieur de la phrase.→ Sujet, COD, CC, paragraphes 123 et 445
Certains groupes sont très facilement permutables :

Ils avaient marché à travers la forêt
          toute la journée
              CC

D'autres groupes sont difficilement permutables :

Les enfants lisaient des illustrés.
                    COD

265 Déplacement à l'intérieur du groupe nominal
• Les déterminants placés avant le nom et les subordonnées relatives sont
difficilement permutables.

La bicyclette de ma tante.
Le jardinier qui avait taillé les arbres est mort.

- L'adjectif épithète est plus facilement permutable : il peut, en général, se mettre à gauche ou à droite du nom.

Un <u>énorme</u> éléphant se mit à barrir.
Un éléphant <u>énorme</u> se mit à barrir.

266 Réduction et déplacement

Le caractère permutable ou non d'un groupe, associé au caractère de suppression, permet de distinguer les groupes nominaux compléments essentiels et non essentiels. → paragraphes 186 à 189

267 Permutation : définition

Permuter consiste à échanger les places de deux mots ou de deux groupes de mots. Il en résulte un changement de sens.

268 Permutation d'un groupe dans la phrase

Elle permet de montrer que c'est la place occupée par le GN qui indique s'il est sujet ou objet.

<u>Le gros chat gris</u> guette <u>la petite souris blanche</u>.
GN sujet ←——————→ GN COD

<u>La petite souris blanche</u> guette <u>le gros chat gris</u>.
GN sujet   GN COD

269 Permutation à l'intérieur d'un groupe nominal

La permutation du nom-noyau et du nom complément du nom permet de montrer que chacun des deux éléments a une place précise liée à sa fonction.

La <u>femme</u> de mon <u>frère</u> est venue.
nom   compl. du nom

Le <u>frère</u> de ma <u>femme</u> est venu.

Le <u>chien</u> de mon <u>ami</u> est méchant.

L'<u>ami</u> de mon <u>chien</u> est méchant.

270 Expansion : définition

Elle consiste à ajouter des mots dans un groupe ou des groupes de mots dans une phrase ; on apporte ainsi des informations supplémentaires.

Le linge sèche.
Le linge mouillé sèche.
Le linge mouillé sèche sur la corde.
Depuis hier, le linge mouillé sèche sur la corde.

271 Expansion à l'intérieur de la phrase

On ajoute un groupe dans une phrase :
- en le coordonnant à un groupe de même fonction :

Irène nage tous les jours.
Irène et sa fille nagent et font du tennis tous les jours.

- en insérant des groupes ayant une fonction nouvelle :

Il hache de la viande.
         COD

Tous les soirs, il hache de la viande pour le chat.
   CC   COD   COS

272 Expansion à l'intérieur du groupe nominal

- On peut ajouter certains déterminants à celui ou à ceux qui se trouvent déjà dans le groupe nominal.

Trois bateaux entrèrent dans le port.
Trois autres bateaux entrèrent dans le port.

- On peut ajouter un complément du nom, une subordonnée relative, un adjectif qualificatif.

J'ai acheté la voiture qui me plaisait.
J'ai acheté la voiture rose qui me plaisait et que tu as vue avec moi.

273 Commutation : définition

Commuter, c'est remplacer un mot ou un groupe de mots par un autre mot ou un autre groupe de mots. La commutation permet d'établir des ensembles de mots qui ont la même fonction.

274 Commutation d'un groupe de mots à l'intérieur de la phrase.

Le chat	*mange le pain.*
Mon frère	
Irène	
Celui-ci	

Tous les groupes de mots qui peuvent remplacer *le chat* peuvent assurer la fonction sujet.

La voiture roulait	*sur le chemin.*
	vite.
	sans phares.

Les groupes de mots pouvant remplacer *sur le chemin* forment l'ensemble des compléments circonstanciels.

Il faut noter que lorsque l'on procède à une commutation entre un groupe et un autre groupe, on peut obtenir des phrases grammaticalement correctes, mais dont le sens est surprenant ou absurde.

Des oiseaux volaient dans le ciel.
Des marteaux-piqueurs volaient dans le ciel.

275 Commutation à l'intérieur du groupe nominal

Le	*chat*	*noir.*
Mon		*qui miaule à la porte.*
Un		*de mon voisin.*
Aucun		*mouillé par la pluie.*
Chaque		*finissant son repas.*

Tous les mots qui peuvent remplacer *le* devant *chat* forment l'ensemble des déterminants du nom. → Déterminants, paragraphes 203 à 235
Tous les groupes qui peuvent remplacer *noir* forment l'ensemble des expansions lexicales du GN. → Groupe nominal, paragraphe 253

MISE EN RELIEF

276 Définition de la mise en relief

Certains éléments de la phrase ont une place bien précise qui permet de connaître leur fonction (sujet, complément d'objet direct) ; d'autres ont une certaine liberté de déplacement (complément circonstanciel, propositions conjonctives, etc.). Un des procédés de mise en relief consiste à présenter un élément de la phrase à une place où on ne l'attend pas ; ce déplacement est bien sûr limité, car il ne doit pas effacer l'indication de la fonction de l'élément déplacé. La mise en relief est aussi appelée *emphase*.

277 Rôle de la mise en relief

La mise en relief d'un élément d'une phrase sera toujours effectuée de façon à ce que l'indication de sa fonction apparaisse clairement. Mettre en relief un élément, c'est donc indiquer l'intérêt particulier qu'on lui porte tant du point de vue de son sens que de celui de la fonction qu'il occupe dans la phrase.

278 Rôle du déplacement du sujet

Ce déplacement a pour effet de présenter l'action avant l'agent (celui qui fait l'action) et donc de créer un effet d'attente, d'interrogation sur l'identité de ce ou celui qui arrive.

Je me promenais tranquillement ; cette troupe hurlante arriva en face.
Je me promenais tranquillement ; arriva en face cette troupe hurlante.

Le sujet du verbe *arriva*, *cette troupe hurlante*, est rejeté après le verbe.

REM

Dans l'exemple suivant :

De hautes statues se dressaient en haut de la colline.
En haut de la colline se dressaient de hautes statues.

le sujet *de hautes statues* apparaît après le verbe *se dressaient*.
Il semble que la présence du complément circonstanciel *en haut de la colline* en tête de la phrase (avant le verbe) rende plus facile l'inversion du sujet ; on peut penser que le complément circonstanciel comble le vide laissé par le sujet inversé. La phrase *se dressaient de hautes statues en haut de la colline* n'est pas équilibrée, pas acceptable telle quelle.

279 Déplacement de l'attribut

La position en tête de phrase de l'attribut souligne l'importance que celui ou celle qui parle (ou écrit) accorde à ce qualificatif.

Les gens qui voulaient le rencontrer étaient <u>nombreux</u>.
<u>Nombreux</u> étaient les gens qui voulaient le rencontrer.

L'adjectif *nombreux*, en fonction d'attribut du sujet *les gens*, se trouve placé avant l'élément verbal *étaient* et le sujet.

280 Déplacement du complément circonstanciel

Sa position en tête de la phrase permet d'insister sur le lieu où se passe l'action.

Le chat se tenait immobile, <u>tout en haut de l'arbre</u>.
<u>Tout en haut de l'arbre</u>, le chat se tenait immobile.

Le complément circonstanciel *tout en haut de l'arbre* peut être déplacé dans la phrase sans que sa fonction s'en trouve changée.

281 Déplacement des propositions subordonnées circonstancielles

Elle a quitté la réunion <u>parce qu'elle était vexée</u>.
<u>Parce qu'elle était vexée</u>, elle a quitté la réunion.

La circonstancielle de cause *parce qu'elle était vexée* apparaît habituellement après la principale ; sa position en tête la met en évidence.
On insiste sur la raison pour laquelle il a quitté la réunion.

<u>Si j'avais su</u>, je serais venu.
Je serais venu, <u>si j'avais su</u>.

La subordonnée de condition *si j'avais su* est normalement attendue avant la principale ; son placement en fin de phrase la met en relief.

REM

La mise en relief d'un élément de la phrase par simple déplacement est un procédé utilisé plus fréquemment dans un langage de registre assez soutenu.
La mise en évidence de l'élément déplacé s'accompagne presque toujours d'une augmentation de la force de la voix. Ainsi, dans un style purement littéraire, on peut inverser la position du complément du nom :

Il chérit la mémoire <u>de sa mère</u>.
<u>De sa mère</u>, il chérit la mémoire.

282 Déplacement avec reprise par un pronom

Ce procédé est très fréquemment utilisé, notamment dans le langage oral.
Il consiste à détacher un élément de la phrase, que l'on place en tête
ou en fin de phrase, suivi ou précédé d'une pause, et à le reprendre
par un pronom occupant la même fonction.

Tes chaussures, (pause) *je ne les ai pas vues.*

pronom COD

Le complément d'objet direct *tes chaussures* est placé en tête, détaché
de la phrase par une pause et repris par le pronom personnel *les*,
complément d'objet direct du verbe *ai vues*.

Je n'y ai pas touché, (pause) *à ta montre.*

COI

À *ta montre* est repris par le pronom personnel *y* dans la fonction
de complément d'objet indirect ; placé en fin de phrase, il est précédé
d'une pause.

Elle est bien, (pause) *ta chemise.*

sujet

Ta chemise, placé en fin de phrase, est repris en fonction sujet par le pronom
personnel *elle*.

Que vous ne vouliez pas le voir, (pause) *je le comprends bien.*

substitut   COD

La proposition complétive est remplacée par le pronom personnel *le* ;
elle est présentée en tête de phrase et suivie d'une pause.

REM
Pour et *quant à* placés devant l'élément mis en relief renforcent l'effet d'emphase.
Ainsi :

De l'audace, elle en avait.
Pierre, il s'en moque.
Pour de l'audace, elle en avait.
Quant à Pierre, il s'en moque.

Attention à l'orthographe de *quant à*, différente de celle de la conjonction
de subordination *quand*.

MISE EN RELIEF AVEC *C'EST... QUI, C'EST... QUE*

283 Rôle des présentatifs *c'est qui, c'est... que*

Les présentatifs *c'est... qui, c'est... que* permettent de mettre en évidence, en tête de la phrase, n'importe quel élément (sauf le verbe) sans remplacer cet élément par un pronom personnel et en lui conservant sa fonction.

284 Emploi de *c'est... qui*

Lorsque l'élément mis en relief est le sujet, le présentatif est *c'est... qui*.

Le chien a volé le reste de gigot.
sujet

┌─ présentatif ─┐
C'est le chien qui a volé le reste de gigot.
sujet

285 Emploi de *c'est... que* pour la mise en relief d'un COD

Lorsque l'élément sur lequel porte l'emphase est en fonction de complément d'objet direct, le présentatif qui l'encadre est *c'est... que*.

Je préfère la petite maison
COD

┌──── présentatif ────┐
C'est la petite maison que je préfère.
COD

286 Emploi de *c'est... que* pour la mise en relief d'un COI

Lorsque l'élément sur lequel porte l'emphase est en fonction de complément d'objet indirect ou second, le présentatif qui l'encadre est *c'est... que*.

J'ai parlé à Claire.
COI

┌─ présentatif ─┐
C'est à Claire que j'ai parlé.
COI

J'ai remis le livre à ton ami.
COS

┌──── présentatif ────┐
C'est à ton ami que j'ai remis le livre.
COS

REM

Le complément d'objet indirect mis en relief par le présentatif *c'est... que* conserve la préposition *à*, qui indique sa fonction.

287 Emploi de *c'est... que* pour la mise en relief d'un CC

Lorsque l'élément sur lequel porte l'emphase est en fonction de complément circonstanciel, le présentatif qui l'encadre est *c'est... que*.

J'ai toujours vécu <u>dans cette maison</u>.
                     CC de lieu

      ┌———— présentatif ————┐
<u>C'est</u> <u>dans cette maison</u> <u>que</u> j'ai toujours vécu.
    CC de lieu

On nous a cambriolés <u>pendant la nuit</u>.
                      CC de temps

      ┌———— présentatif ————┐
<u>C'est</u> <u>pendant la nuit</u> <u>qu'</u> on nous a cambriolés.
    CC de temps

Il l'a dépanné <u>avec ce marteau</u>.
                  CC de moyen

      ┌———— présentatif ————┐
<u>C'est</u> <u>avec ce marteau</u> <u>qu'</u> il l'a dépanné.
    CC de moyen

REM Le complément circonstanciel mis en relief par le présentatif *c'est... que* conserve la préposition qui marque sa fonction.

288 *C'est... qui, ce sera... qui, c'était... qui*

Le présentatif *c'est... qui* ou *c'est... que* peut porter des indications de temps : *c'était... qui* ou *que, ce sera... qui* ou *que, ce fut... qui* ou *que*, etc.

J'<u>achèterai</u> cette voiture.
<u>Ce sera</u> cette voiture <u>que</u> j'achèterai.

289 *C'est... qui, c'est... que, ce sont... qui, ce sont... que*

Le présentatif peut varier en nombre selon que l'élément mis en relief est singulier ou pluriel.

J'ai vu <u>ces gens</u> à la télévision.

┌─ présentatif ─┐

<u>Ce sont</u> les gens <u>que</u> j'ai vus à la télévision.
pluriel   pluriel

On entend souvent :

┌─ présentatif ─┐

<u>C'est</u> les gens <u>que</u> j'ai vus à la télévision.

290 Valeurs du présentatif

La mise en relief d'un élément de la phrase par le présentatif *c'est... qui*
ou *c'est... que* peut avoir deux valeurs sensiblement différentes.

• Valeur d'insistance

┌─ présentatif ─┐

<u>C'est</u> le brun <u>qui</u> a chanté le premier.

Dans cette phrase, l'utilisation de *c'est... qui* veut dire : *c'est le brun,
pas le blond, qui a chanté* ; on insiste donc sur l'identité de celui qui fait l'action.

• Valeur d'identification

valeur d'identification
┌──────────────┐

<u>C'est l'homme qui a chanté.</u>

Ici, on veut dire que la personne que l'on désigne est celle qui a chanté,
et pas une autre (= *voilà l'homme qui a chanté*).

291 Définitions

Très peu de grammaires présentent la distinction entre les mots grammaticaux et les mots lexicaux. Pourtant, cette distinction se révèle souvent très utile ; elle permet de classer les mots du français en deux grands ensembles qui ont des caractéristiques très différentes.

Les *mots grammaticaux* sont le plus souvent très courts ; ce sont les articles, les adjectifs non qualificatifs (possessifs, démonstratifs, etc.) et les prépositions.
Les *mots lexicaux* sont de longueur variable ; ce sont les noms, les adjectifs qualificatifs, les verbes, les adverbes.

Les mots grammaticaux sont en petit nombre, les mots lexicaux en très grand nombre. On ne crée pratiquement jamais de mots grammaticaux, alors que l'on fabrique souvent de nouveaux noms, de nouveaux verbes, de nouveaux adjectifs.

Les mots grammaticaux ne peuvent être remplacés par un pronom, les mots lexicaux peuvent l'être.
Les mots grammaticaux n'ont qu'une seule fonction, les mots lexicaux peuvent en assurer plusieurs.

LES MOTS GRAMMATICAUX

292 Mots grammaticaux

Les mots grammaticaux sont les déterminants (articles et adjectifs non qualificatifs), les prépositions et les conjonctions de coordination et de subordination.

Le petit chien de Marie rongeait un os dans son coin.

le : article défini, déterminant de *chien*
de : préposition
un : article indéfini, déterminant d'*os*
dans : préposition
son : adjectif possessif, déterminant de *coin*

293 Nombre de mots grammaticaux

Les mots grammaticaux sont en nombre limité.

L'enfant s'avançait vers la cabane.

On découvre dans cette phrase trois mots grammaticaux : l'article défini *l'*, la préposition *vers* et l'article défini *la*. On peut remplacer chacun d'entre eux :
– *l'* peut être remplacé par *cet, son, un, quelque,* etc. ;
– *la* peut être remplacé par les mêmes mots sous leur forme féminine : *cette, sa, une, quelque,* etc. ;
– *vers* peut être remplacé par *dans, en direction de, sur,* etc.

Dans chaque cas, les mots qui peuvent remplacer chacun des trois mots grammaticaux sont en nombre limité.
En d'autres termes, si on appelle paradigme l'ensemble des mots qui peuvent remplacer un autre mot dans une phrase, on dira que les mots grammaticaux forment un *paradigme court.*

294 Création de mots grammaticaux

On crée très rarement de nouveaux mots grammaticaux. Alors que l'on crée volontiers un nouveau nom ou un nouveau verbe lorsque le besoin s'en fait sentir, on hésiterait beaucoup à créer un nouvel article, un nouvel adjectif non qualificatif et même une nouvelle préposition. On dira que les mots grammaticaux sont en inventaire fermé, c'est-à-dire qu'ils constituent un stock de mots qui ne peut être aisément augmenté.

295 Sens des mots grammaticaux

Les mots grammaticaux sont d'usage fréquent et ont un sens peu précis.

Les mots grammaticaux étant peu nombreux, le même mot grammatical peut être utilisé de façon très fréquente dans un texte, ou même dans une phrase.

Un jour vers midi sur la plate-forme arrière d'un autobus à peu près complet de la ligne 5, j'aperçus un personnage au cou fort long qui portait un feutre mou entouré d'un galon tressé au lieu d'un ruban.

Raymond Queneau, *Exercices de style*, Éd. Gallimard.

Dans ce texte, on remarque que :
- Les mots qui sont utilisés plus d'une fois sont des mots grammaticaux : *un* (six fois), *de* (quatre fois), *la* (deux fois).
- Le sens de ces mots d'usage fréquent est très large :
  – *un* peut signifier *une unité* (un, pas deux), la non-précision (un quelconque), etc. ;
  – *de* est une préposition qui peut indiquer : *la possession* (*le chapeau de Pierre*), *la matière* (*une table de bois*), *la provenance* (*il sort de la cuisine*), etc.

Ces mots sont courts, ils dépassent rarement une syllabe.

REM | Il est intéressant de constater que plus un mot est fréquent, plus son sens est large et peu précis. Cela tient au fait qu'il est utilisé dans un grand nombre de phrases différentes au sein desquelles les autres mots lui donnent un sens particulier. De même, on peut noter que plus un mot est fréquent et son sens variable, plus il est court. Cela s'explique par le fait que celui ou celle qui parle « refuse » de faire un effort (d'utiliser un mot trop long) si ce mot n'apporte pas une information précise. Les mots grammaticaux sont à la fois fréquents, peu précis et courts. Ils constituent un excellent exemple de ce que l'on appelle l'*économie de la langue*.

296 Remplacement des mots grammaticaux

Les mots grammaticaux ne peuvent pas être remplacés par des pronoms.

Il est évident que ni les déterminants, ni les prépositions ne peuvent être remplacés par des substituts. Il faut se garder de confondre certains pronoms avec certaines prépositions ou articles.

Il le voit. - Le navire.
Le pied de lampe. - Il mange de la soupe.

297 Classement des mots grammaticaux

Les mots grammaticaux se distribuent en deux groupes :
– ceux qui déterminent le nom : articles, adjectifs non qualificatifs ;
– ceux qui servent à mettre en relation les mots dans une phrase :
les prépositions.

Analysons la phrase suivante :

*Dans un ciel d'azur, les petits nuages jouaient à saute-mouton
sur les rayons de soleil.*

- Les mots grammaticaux qui déterminent des noms sont :
  – *un*, qui détermine *ciel*,
  – *les*, qui détermine *nuages*,
  – *les*, qui détermine *rayons*.
- Les mots grammaticaux qui indiquent des relations entre les mots
  de la phrase sont :
  – *dans*, qui indique la fonction de *ciel* et le met en relation avec le verbe
  jouaient,
  – *d'*, qui établit la liaison entre *azur* et *ciel*,
  – *à*, qui indique la fonction de *saute-mouton* et le relie au verbe *jouaient*,
  – *sur*, qui marque la fonction de *rayons* et le rattache au verbe *jouaient*,
  – *de*, qui établit la relation entre *rayons* et *soleil*.

LES MOTS LEXICAUX

298 Mots lexicaux

Les mots lexicaux sont les noms, les verbes, les adjectifs qualificatifs,
les adverbes.

*Le loup sortit du bois, regarda le pauvre agneau avec voracité,
et se précipita pour le dévorer.*

Les mots lexicaux de cette phrase sont au nombre de neuf :

loup : nom,	*agneau* : nom,
sortit : verbe,	*voracité* : nom,
bois : nom,	*se précipita* : verbe,
regarda : verbe,	*dévorer* : verbe.
pauvre : adjectif qualificatif,	

299 Nombre de mots lexicaux

Ils sont en très grand nombre. Dans l'exemple suivant :

Le loup aperçut l'agneau.

les mots lexicaux *loup, aperçut* et *agneau* peuvent être remplacés
par un nombre très important d'autres mots lexicaux :

Le	*loup*	*aperçut*	*l'*	*agneau.*
	lion	*vit*	*le*	*cochon.*
	chien	*mangea*	*le*	*lapin.*
	garçon	*prit*	*l'*	*enfant.*

On dira donc que lorsque l'on remplace un mot lexical par l'ensemble
des mots qui peuvent être utilisés à sa place, on obtient un *paradigme long*.

300 Création de mots lexicaux

On peut créer, selon les besoins, des mots lexicaux nouveaux.

La langue est un outil grâce auquel on peut parler, écrire à d'autres personnes
pour leur donner des informations sur des sujets très différents.

Comme tous les outils, la langue change, se transforme pour s'adapter
à des besoins nouveaux de communication.

Ainsi, lorsque l'on a inventé un nouveau moyen de se déplacer sur l'eau
à l'aide d'une planche munie d'une voile, on a inventé le mot *planche à voile*.
Pour désigner ceux qui se servent de ce nouvel engin, on a fabriqué le mot
véliplanchistes. Pour évoquer un nouvel appareil, on inventa le mot *ordinateur*.
Un nouvel engin sur rail entraîna la création d'une abréviation *T.G.V.*
(train à grande vitesse).

301 Procédés de création de mots lexicaux

Pour créer des mots nouveaux, le français dispose de trois procédés.

- La suffixation :
  On ajoute à la fin d'un mot un suffixe pour obtenir un nouveau mot :
  À partir de *bord*, on forme bord*er* ou bord*ure*.
  À partir de *fleur*, on forme fleur*ir* ou fleur*iste*.
  À partir de *doux*, on forme douc*eur* ou douc*ement*.
- La préfixation :
  On place devant un mot un préfixe pour fabriquer un nouveau mot :
  À partir de *dire*, on forme *re*dire ou *pré*dire.
  À partir de *voir*, on forme *pré*voir.

- La composition :
On juxtapose des mots déjà existants pour former un mot nouveau :

chou-fleur,
café crème,
pomme de terre,
essuie-glace,
aigre-doux,
porte-monnaie,
arc-en-ciel.

Pour le pluriel des noms composés, → paragraphe 313.
Pour le pluriel des adjectifs composés, → paragraphe 49.

302 Remplacement des mots lexicaux

Certains mots lexicaux peuvent être remplacés par des pronoms.
C'est le cas des noms et des adjectifs qualificatifs attributs. Aucun des mots grammaticaux n'offre cette possibilité. → Pronoms, paragraphes 350 à 384

303 Classement des mots lexicaux

Les mots lexicaux se distribuent dans des classes grammaticales différentes.
On mettra dans une même classe les mots qui peuvent avoir la ou les mêmes fonctions.

On distinguera alors :

- les noms, qui peuvent tous être sujet, complément d'objet direct, complément d'objet indirect, complément circonstanciel, complément du nom, complément d'adjectif, attribut ou mis en apposition ;
- les adjectifs, qui peuvent tous être épithète, attribut ou mis en apposition ;
- les adverbes, qui sont tous complément circonstanciel ;
- les verbes, qui sont tous noyau de la phrase.

On dira que les mots appartenant à la même classe ont la même nature.

REM   Les noms et les adjectifs peuvent remplir plusieurs fonctions ; ils forment deux classes de *polyfonctionnels*. En revanche, les adverbes et les verbes ne peuvent avoir qu'une seule fonction. Ils appartiennent chacun à une classe de *monofonctionnels*.

304 Définitions

Le mot *nom* est un terme utilisé dans toutes les grammaires, aussi bien anciennes que récentes. Ce qui est nouveau, c'est que les fonctions se rapportant au verbe sont attribuées au *groupe nominal*, et non plus au nom en particulier. Dans :

Le petit chat noir saute par la fenêtre ouverte.

l'analyse traditionnelle dit que *chat* est sujet du verbe *sauter* et *fenêtre* complément circonstanciel du même verbe. Les grammaires récentes préfèrent dire que c'est le groupe nominal *le petit chat noir* qui est sujet du verbe *sauter* et le groupe nominal *par la fenêtre ouverte* qui en est le complément circonstanciel.

→ Groupe nominal, paragraphes 244 à 253 et Groupes, paragraphes 236 à 243

QU'EST-CE QU'UN NOM ?

305 Définition sémantique du nom

Du point de vue du sens, le nom est un mot qui désigne une personne, un animal, un objet concret ou une notion abstraite et même une action.

Un homme, Pierre, une femme, Anne sont des personnes.

Le chat, la truite sont des animaux.

La table est un objet concret ; *la liberté* est une notion abstraite ; *le langage* est un processus.

306 Définition syntaxique du nom

Du point de vue de la fonction, le nom est le noyau du groupe nominal (on dit parfois le chef de groupe). C'est un élément indispensable au groupe nominal, il n'existe pas de groupe nominal sans nom.

Les lourds nuages gris s'amoncelaient.

⊘ *Les lourds nuages gris s'amoncelaient.*

Le nom-noyau est obligatoirement accompagné d'un déterminant.

→ Déterminants, paragraphes 203 à 235

Les nuages.
Ces nuages.
Quelques nuages.

Cependant, surtout dans le cas de certains noms propres, le nom peut constituer à lui seul le groupe nominal.

Ariane est sortie sous la pluie.

Ces deux définitions ne sont pas contradictoires. Au contraire, elles sont, l'une et l'autre, nécessaires pour comprendre le fonctionnement du nom dans la phrase.

307 Accord avec le nom

Contrairement à l'adjectif, on ne peut pas dire que le nom s'accorde en genre et en nombre. C'est lui qui impose son genre et son nombre.

308 Accord des déterminants et des adjectifs avec le nom-noyau

En tant que noyau du groupe nominal, il détermine l'accord :

- des déterminants

le chien
la chienne

le fauteuil
les fauteuils

- des adjectifs qualificatifs épithètes

ce chien méchant
cette chienne méchante
ces chiens méchants

309 Accord de l'attribut et du verbe avec un nom sujet

En tant que sujet, c'est avec lui que s'accordent :

- l'attribut du sujet

Ce chat est noir.
Ces chattes sont noires.

- le verbe (nombre seulement, le genre n'a aucune influence sur le verbe)

Le chien aboie.
Les chiens aboient.

310 Accord du participe passé avec un nom COD

En tant que complément d'objet direct, il détermine l'accord du participe passé employé avec *avoir*, dans certains cas.

→ Complément d'objet direct, paragraphes 127 à 129

Les raisons que je t'ai données restent valables.

311 Singulier et pluriel du nom

Le nom varie en nombre. On peut toujours mettre au pluriel un nom singulier ou mettre au singulier un nom pluriel.

le chat   les chats

3I2 Formation du pluriel : règles

COMMENT SE FORME LE PLURIEL	EXEMPLES	EXCEPTIONS
La plupart des noms forment leur pluriel en ajoutant un s.	*Elle a de nouveaux amis.*	
Les noms en -ou forment leur pluriel en ajoutant un s.	*Tous ces trous sont des marques de clous.*	bijou, caillou, chou, genou, hibou, joujou, pou forment leur pluriel en ajoutant un x : *Elle a de magnifiques bijoux.*
Les noms en -eu forment leur pluriel en ajoutant un x.	*À 22 heures, tous les feux étaient éteints.*	bleu et pneu prennent un s : *On avait crevé les quatre pneus.*
Les noms en -(e)au forment leur pluriel en ajoutant un x.	*Il a évidemment reçu beaucoup de cadeaux.*	landau et sarrau prennent un s : *Pour leurs jumeaux, ils ont acheté deux landaus.*
Les mots en -al forment leur pluriel en -aux.	*Elle lit plusieurs journaux chaque jour.*	bal, carnaval, chacal, festival, régal, etc., ont leur pluriel en s : *Il assiste régulièrement à plusieurs festivals.*
Les noms en -ail prennent un s au pluriel.	*Les détails de l'affaire lui échappent sans doute.*	bail, corail, émail, fermail, soupirail, travail, vantail, vitrail, forment leur pluriel en aux : *L'enfant tenta d'ouvrir quelques soupiraux.*
Les noms qui se terminent par s, x et z au singulier ne prennent pas de marque de pluriel.	*Les prix augmentent toujours. Les cuisiniers connaissent différentes sortes de riz.*	

REM   Certains noms, tels que *ténèbres, obsèques, fiançailles, mœurs*, n'ont pas de singulier.

Le passage du singulier au pluriel entraîne, pour certains, un changement de sens :

<u>un</u> ciseau (de menuiserie) → <u>des</u> ciseaux (de couture)

Certains objets sont désignés indifféremment par un nom singulier et un nom pluriel :

Je mets mon pantalon / mes pantalons.
Je monte l'escalier / les escaliers.

Certains pluriels entraînent un changement de prononciation :

bœuf → *bœufs*
œuf → *œufs*
os → *os*

Certains noms changent totalement de forme au pluriel :

ail → *aulx*
œil → *yeux*

313 Pluriel des noms composés : règles

La formation du pluriel des noms composés dépend souvent du sens de chaque mot composé. On peut cependant donner quelques règles d'accord.

NOM COMPOSÉ	FORMATION DU PLURIEL	EXCEPTIONS
NOM + NOM **Les deux noms prennent la marque du pluriel.**	*des oiseaux-mouches*	*des timbres-poste* *(des timbres pour la poste)* *des années-lumière* *des gardes-chasse*
NOM + PRÉPOSITION + NOM **Seul le premier nom prend la marque du pluriel.**	*des arcs-en-ciel*	*des bêtes à cornes* *des chars à bancs* *des tête-à-tête* *des pot-au-feu*
ADJECTIF + NOM **Les deux mots prennent la marque du pluriel.**	*des basses-cours*	**L'adjectif** *grand* **+ nom féminin peut rester invariable :** *des grand-mères ou* *des grands-mères* **L'adjectif** *demi* **+ nom reste invariable :** *des demi-journées*
ADJECTIF + ADJECTIF **Les deux adjectifs prennent la marque du pluriel.**	*des sourds-muets*	

NOM COMPOSÉ	FORMATION DU PLURIEL	EXCEPTIONS
VERBE + NOM		
• Seul le nom prend la marque du pluriel.	*des tire-bouchons* *des tourne-disques*	
• Ni le verbe ni le nom ne prennent la marque du pluriel.	*des abat-jour*	
MOT INVARIABLE + NOM Seul le nom prend la marque du pluriel.	*des avant-scènes* *des non-lieux*	
VERBE + VERBE Aucune marque de pluriel.	*des laissez-passer*	
MOTS ÉTRANGERS	*des snack-bars* *des pull-overs* *des week-ends*	Aucune marque de pluriel : *des post-scriptum*

314 Le genre des noms

Le nom ne varie pas en genre comme il varie en nombre.

Le genre d'un nom est fixe dans la langue.

Il est indiqué dans le dictionnaire (masculin/féminin).

315 Féminin des noms

En principe, le e final est la marque du féminin.

La table.
La chaise.

Beaucoup de noms féminins ne se terminent pas par e.

La souris.
La foi.
La liberté.

REM   Certains mots masculins prennent un e final.

Le camée.
Le musée.
Le foie.

316 Principes de classement

On peut classer les noms de diverses manières. On peut distinguer :
– les noms communs et les noms propres ;
– les animés et les inanimés ;
– les êtres humains et les animaux.

	NOMS PROPRES	NOMS COMMUNS
ANIMÉS	HUMAINS *Bernard*	HUMAINS *mon oncle*
	NON HUMAINS *Médor*	NON HUMAINS *mon chien*
INANIMÉS	*le Saint-Laurent*	*le fleuve*
	DÉNOMBRABLES *un Picasso*	DÉNOMBRABLES *un verre*
	NON DÉNOMBRABLES *la Moisie*	NON DÉNOMBRABLES *l'eau*

317 Noms propres : pluriel

Les noms propres ne se mettent en général pas au pluriel.

Le Canada (n'existe pas au pluriel).

Les Dupont viendront dîner.

Il s'agit de plusieurs personnes portant le même nom. Le nom propre ne prend pas le s du pluriel, mais il impose son pluriel au déterminant *les* et au verbe *viendront*.

Elle avait acheté trois superbes Picasso.

Le nom du peintre désigne, ici, ses œuvres.

Certains noms propres sont toujours au pluriel et en prennent la marque(-s) :

les Pyrénées, les Rocheuses — les Balkans — les Antilles

Les noms désignant des peuples ou des habitants de pays, de régions, de villes, prennent une majuscule comme tous les noms propres mais prennent également les marques de genre et de nombre.

Un Beauceron / une Beauceronne.
Des Beaucerons / des Beauceronnes.

REM   En fait, le même mot peut être employé soit comme adjectif, soit comme nom.

Les usagers <u>montréalais</u> du métro sont nombreux.
       adjectif

Les <u>Montréalais</u> sont nombreux à se déplacer en métro.
     nom

La cuisine <u>lyonnaise</u> est réputée.
        adjectif

Les <u>Lyonnaises</u> et les <u>Lyonnais</u> sont bons cuisiniers.
        nom

Seuls les noms prennent une majuscule.

318   Noms communs et noms propres : emploi des déterminants

Traditionnellement, les noms communs sont obligatoirement accompagnés d'un déterminant. Les noms propres, eux, n'ont pas cette obligation.

<u>Mon</u> chien est parti.
Médor est parti.

On rencontre de nombreux noms communs construits sans déterminant. Cela résulte, par exemple, d'une construction grammaticale obligatoire.

Il marchait <u>avec peine</u>.
Ils s'entendaient <u>comme chien et chat</u>.
Ils ont acheté des fauteuils <u>en cuir</u>.

Pour plus de détails, → Déterminants, paragraphes 203 à 235.

On rencontre aussi des noms propres accompagnés d'un déterminant. C'est le cas de beaucoup de noms utilisés en géographie :

la Loire, le Richelieu — le Brésil, le Québec.

Si le nom propre est accompagné d'un adjectif qualificatif, d'un complément du nom ou d'une subordonnée relative, le déterminant réapparaît.

C'est le petit Bernard qui a gagné la course.
Ma chère Nicole, comment vas-tu ?
C'était un Japon de rêve…

Dans un usage populaire, l'utilisation volontaire d'un déterminant avec le nom propre peut servir à donner une nuance pittoresque ou affective.

La Marie a encore perdu ses clés.
Mon Pierre est arrivé le premier.

L'utilisation d'une majuscule pour un nom commun permet de donner une valeur symbolique à ce qui est désigné.

Liberté, j'écris ton nom.   *L'État, l'Église* (catholique et romaine).

319 Intérêt de la distinction entre animés et inanimés

Le classement qui distingue les noms désignant des êtres animés (hommes ou animaux) et les noms désignant des objets inanimés est particulièrement utile lorsque l'on veut remplacer un nom par un pronom et lorsque l'on veut exprimer le lieu à l'aide des prépositions *à* et *chez*.

320 Pronoms remplaçant des noms animés et inanimés

Lorsque l'on est amené à utiliser des pronoms de type personnel, interrogatif ou « négatif », on est obligé de distinguer animés et inanimés.

Les substituts du nom utilisés dans le cas des animés sont *qui, personne, lui (elle, elles, eux)* ; ceux utilisés dans le cas des inanimés sont *que, quoi, rien, y, en*.

- lui, y

Elle pense à son frère.   *Elle pense à lui.* (Animé.)
Il pense à son jardin.   *Il y pense.* (Inanimé.)

- lui, en

Elle parle de son frère.   *Elle parle de lui.* (Animé.)
Il parle de son jardin.   *Il en parle.* (Inanimé.)

- qui, que

Il regarde un enfant.   *Qui regarde-t-il ?* (Animé.)
Elle observe un arbre.   *Qu'observe-t-elle ?* (Inanimé.)

- à qui, à quoi

  Il pense <u>à son frère</u>.   *À qui pense-t-il ?* (Animé.)
  Elle pense <u>à son jardin</u>.   *À quoi pense-t-elle ?* (Inanimé.)

- personne, rien

  Elle voit <u>son frère</u>.   *Elle ne voit <u>personne</u>.* (Animé.)
  Je vois <u>un arbre</u>.   *Je ne vois <u>rien</u>.* (Inanimé.)

En fait, dans l'usage courant, la série *que, quoi, rien, y, en* n'est pas strictement réservée aux inanimés. On peut entendre souvent :

Il voit <u>un enfant</u>.   *Que voit-il ?*
Elle voit <u>son frère</u>.   *Elle ne voit <u>rien</u>.*
Il pense <u>à son frère</u>.   *Il y pense.*
Elle parle <u>de son frère</u>. *Elle <u>en</u> parle.*

De toute cette série, c'est le pronom *quoi* qui est le plus rarement utilisé avec un animé. En revanche, l'autre série : *qui, personne, lui (elle, elles, eux),* est strictement réservée aux animés.

Les animés des exemples pris plus haut étaient tous des humains. Le cas des animaux est plus complexe : dans le cas des animaux proches de l'homme, les substituts ont tendance à s'employer de la même manière que pour les humains. En revanche, dans le cas d'animaux peu familiers, on aura tendance à utiliser les substituts de la série inanimés.

Il pense <u>à son chien</u>.   *À qui pense-t-il ?*
                                    À quoi pense-t-il ?

Elle pense <u>aux fourmis</u>.   *À qui pense-t-elle ?*
                                    À quoi pense-t-elle ?

321 Emploi des prépositions *à* et *chez* avec des animés et des inanimés
Le classement entre animés et inanimés est important lorsque l'on veut former un complément circonstanciel de lieu à l'aide des prépositions *à* ou *chez*. Lorsque l'on fait référence à un lieu désigné par un nom de personne, la règle veut que l'on utilise la préposition *chez*.

Je vais <u>chez</u> le coiffeur.   Il n'y a plus de pain <u>chez</u> la boulangère.
Il faut qu'il aille <u>chez</u> le docteur.

On observe actuellement une tendance à utiliser *chez* pour tous les commerçants, même lorsque le magasin n'est pas désigné par le nom d'une personne.

Il achète ses chaussures chez Bottine (non humain).

En ce qui concerne les différentes fonctions que peuvent assurer les noms (sujet, COD, COI, CC, etc.), se reporter à chaque rubrique en particulier.

322 Noms dénombrables et non dénombrables

Les noms dénombrables évoquent des êtres ou des objets que l'on peut compter *(tables, livres…)*.

Les noms non dénombrables désignent des substances ou des notions qu'on ne peut pas décomposer en unités *(sucre, tendresse…)*.

323 Emploi des déterminants avec un nom dénombrable

Un nom dénombrable peut être accompagné d'un adjectif numéral *(un, deux…)* ou d'un adjectif indéfini *(quelques, tous…)* afin de faire varier sa quantité.

Une table, deux tables, quelques tables.

324 Emploi des déterminants avec un nom non dénombrable

Un nom non dénombrable est accompagné de l'article partitif, d'un adverbe de quantité *(beaucoup…)* afin d'indiquer la plus ou moins grande masse que l'on évoque.

Peu d'eau, de l'eau, pas d'eau…

Parfois, certains noms dénombrables sont utilisés comme des noms non dénombrables :

dix agneaux — de l'agneau.

Et inversement :

de la gentillesse — toutes vos gentillesses.

PONCTUATION

325 « Ponctuation » à l'oral

Lorsqu'on parle, la voix monte, descend à certains moments de notre discours ou à l'intérieur même des phrases. Nous observons des arrêts, des pauses. Les montées et les descentes de la voix, les pauses qui séparent les groupes de mots ou les phrases sont très importantes ; elles sont parfois même indispensables pour que les gens puissent comprendre ce que l'on veut dire.

326 Ponctuation à l'écrit

Lorsqu'on écrit, il faut trouver d'autres moyens de noter, pour celui ou celle qui nous lira, les variations de hauteur de la voix ou les pauses plus ou moins longues qui séparent certains éléments du texte ; ces moyens nous sont offerts par les signes de ponctuation. Ces signes sont au nombre de dix :

,	la virgule
;	le point-virgule
:	les deux-points
.	le point
?	le point d'interrogation
!	le point d'exclamation
« »	les guillemets
( )	les parenthèses
– –	les tirets
...	les points de suspension

327 Définition de la virgule

La virgule peut être utilisée pour séparer différents éléments de la phrase ; elle marque une pause sans que la voix baisse.

328 Rôle de la virgule à l'intérieur d'un groupe

Elle permet de ne pas répéter la conjonction de coordination. Cette dernière n'apparaît qu'avec le dernier mot coordonné.

Le père, la mère et l'enfant avaient disparu.
    groupe sujet

Elle mangea les bonbons, les gâteaux et les chocolats.
         groupe COD

329 Rôle de la virgule à l'intérieur d'une phrase

Elle permet d'insérer des éléments qui donnent des informations sur différents groupes fonctionnels sujet, COD, CC...

L'homme, fatigué par sa longue marche, s'assit enfin.
_{sujet} information sur le sujet . verbe

L'enfant, affamé, dévora le gâteau qui était sur la table.
sujet information verbe COD

330 Rôle de la virgule entre des propositions

La virgule permet de séparer des propositions en indiquant que les événements qu'elles évoquent se produisent l'un après l'autre (en succession chronologique) ou au même moment.

Je la vois, je cours, elle se retourne et me reconnaît.
J'arrivais, ils partaient.

La virgule peut marquer que les deux propositions sont liées par une relation logique (cause, condition, etc.).

Je la gronde, elle se met à pleurer (elle pleure parce que je la gronde).
Tu me frappes, je le dis à mon père (si tu me frappes, je le dis à mon père).

331 Virgule et mise en relief

Dans le cas d'une mise en relief par déplacement d'un élément de la phrase, la virgule marque le détachement (la mise en évidence) de cet élément.

Les enfants commencèrent à crier de l'autre côté de la rivière.
De l'autre côté de la rivière, les enfants commencèrent à crier.

C'est aussi le cas lorsqu'un pronom est mis en relief :

Moi, je n'aurais jamais accepté une chose pareille.

332 Définition du point-virgule

Le point-virgule sépare deux propositions.
Il indique que l'on marque une pause un peu plus importante qu'avec la virgule, sans pour autant que la voix baisse complètement entre les deux éléments séparés.

333 Relation marquée par le point-virgule

Le plus souvent, les deux propositions ont entre elles une relation logique :

Elle travaillait énormément ; elle voulait absolument réussir son examen.

(Elle travaillait énormément car elle voulait absolument réussir son examen.)

334 Rôle des deux-points

Ils ont différentes utilisations :

• Ils permettent d'indiquer de quels éléments se compose un ensemble.

Les félins les plus connus sont : le lion, le tigre, le léopard, etc.

• Ils permettent de citer ou de rapporter les paroles de quelqu'un.

Elle se retourna et dit : « C'est vous qui m'avez appelée ? »

• Ils permettent d'exprimer une explication.

On entendait de temps en temps des bruits étranges : c'était le vent qui soulevait les tuiles.

335 Définition du point

Le point indique la fin d'une phrase. Il marque une descente complète de la voix et une pause importante avant que la voix ne remonte pour une autre phrase.

Pierre s'assit à la terrasse du café. Les gens passaient sur le boulevard sans se presser. Dans le ciel, les premières étoiles se mirent à briller.

336 Rôle du point

Le plus souvent, on utilise le point lorsqu'on exprime une idée nouvelle qui n'a pas de relation étroite avec celle exprimée dans la phrase précédente.

REM Lorsque, dans un texte, on veut vraiment indiquer que l'on change de thème, on met un point et on va à la ligne. On commence ainsi un nouveau *paragraphe*.

337 Emploi du point d'interrogation

Il se place à la fin d'une phrase interrogative. On ne l'utilise qu'avec l'interrogation directe.

Tu lui as dit de venir dîner ? (Interrogation directe.)

Savez-vous votre leçon ? (Interrogation directe.)

Est-ce que vous lui avez parlé ? (Interrogation directe.)

Je me demande s'il est parti. (Interrogation indirecte.)

La jeune fille ne savait pas si elle devait y croire. (Interrogation indirecte.)

338 Emploi du point d'exclamation

Il se place à la fin d'une phrase dans laquelle celui ou celle qui parle ou écrit exprime un ordre, un souhait, la surprise, l'exaspération, l'admiration, etc.

Venez ici immédiatement !

Oh ! le joli petit chaton !

Assez de mensonges et de flatteries !

Ainsi, c'était donc vous !

339 Emploi des guillemets

Ils encadrent une phrase ou un groupe de mots qui n'appartiennent pas à celui ou à celle qui écrit, mais qui sont empruntés à quelqu'un d'autre. Grâce aux guillemets, on cite les paroles ou les écrits d'un personnage.

Le plus souvent, les éléments encadrés par des guillemets sont précédés de deux-points :

Elle se tourna vers moi : « Avez-vous quelque chose à dire ? »

Victor Hugo écrit à sa fille : « Nul ne saura ce que j'endure en voyant s'enliser ce en quoi j'ai toujours cru. »

Lorsqu'on utilise un mot dans un sens qui n'est pas son sens habituel, lorsqu'on veut donner à un mot une nuance particulière, on le met entre guillemets. C'est également le cas lorsqu'on utilise un mot étranger, argotique ou « à la mode ».

Lorsqu'on cite une ou plusieurs phrases d'un texte à l'aide de guillemets, on doit veiller à respecter très fidèlement le texte. Si l'on enlève une partie de la phrase citée, on l'indiquera à l'aide de points de suspension encadrés de *crochets* : [...]
Si l'on souligne un mot ou un groupe de mots, on le notera en bas de page par la formule : *souligné par nos soins.*

340 Emploi des parenthèses

Elles servent à isoler une information à l'intérieur d'une phrase.
Le groupe de mots ou la phrase entre parenthèses n'a aucun lien syntaxique avec le reste de la phrase. Il s'agit souvent d'une réflexion que fait celui ou celle qui écrit à propos de tel ou tel passage de la phrase.

Il s'avança et dit (et d'ailleurs tout le monde s'en doutait) qu'il allait participer au concours.
« Mais qu'est-ce que c'est que ça ? » (c'était son expression favorite), répétait-elle sans arrêt.

Les parenthèses ne doivent pas être utilisées trop souvent.
Elles provoquent une rupture dans le rythme de la lecture qui la rend difficile.
Le segment mis entre parenthèses ne doit pas être trop long.

341 Emploi des tirets

Encadrant une phrase ou un segment de phrase, les tirets jouent un rôle semblable aux parenthèses.

Elle le regarde, hésite — cruel dilemme — et s'en retourne sans un mot.

Il s'agit souvent d'un commentaire de celui ou celle qui écrit.

Dans un dialogue, le tiret sert à indiquer que l'on change d'interlocuteur ou d'interlocutrice.

— Tu viens ?
— Oui, j'arrive dans cinq minutes.
— Mais qu'est-ce que tu as encore à faire ?

342 Emploi des points de suspension

Ils peuvent avoir plusieurs valeurs.

- Ils interviennent dans une énumération que l'on ne veut pas allonger. Ils ont alors un sens analogue à *etc.*

Il y avait bien sûr toute la famille : le père, la mère, les frères, les sœurs...

- Ils interviennent lorsque la personne qui parle (ou qui écrit) veut sous-entendre une suite, un commentaire, une conclusion, une référence, etc., compréhensible pour la personne qui l'écoute (ou la lit).

Ne t'en fais pas, on a très bien compris...
Nous sommes allés au bord de la mer : il a beaucoup plu...

La *Grammaire pour tous* et le nouveau programme
- **Le groupe prépositionnel (G prép)**
  Le groupe prépositionnel est un groupe de mots formé d'une préposition et d'un complément.

groupe prépositionnel

Les manuels de géographie m'intéressent grandement.
prép.　C. du nom

Certains de nos voisins ne nous connaissent pas encore.
prép.　C. du pronom

- **Le groupe prépositionnel et son rôle dans la formation du groupe complément**
  Les prépositions
  On emploie la préposition pour introduire un complément dans la phrase.
  Un complément du nom (CN) :

Les touristes préfèrent les voyages sans ennuis.
nom　　　　CN

Un complément de l'adjectif (C. adj) :

Je suis désolée de le dire.
adjectif　　C. adj

Un complément de phrase (CP) :

Peut-on voyager sans ennuis ?
verbe　　　CP

Un complément indirect du verbe (CI) :

Je me contente de la traduction française.
verbe　　　　　　CI

RÔLE DES PRÉPOSITIONS

343 Définition et rôle

Les prépositions sont des mots grammaticaux qui permettent de mettre en relation les mots d'une phrase. Une préposition indique entre quels mots s'établit une relation et de quel type de relation il s'agit. Les prépositions doivent être soigneusement distinguées des déterminants qui n'ont, eux, aucun rôle d'indicateurs de fonction.

344 Indication de la fonction des mots

Les prépositions servent à marquer la fonction des mots dans la phrase.

Vers cinq heures, on venait la chercher en voiture devant l'école.

On découvre trois prépositions qui marquent chacune la fonction d'un mot ou d'un groupe de mots :

• *vers* : indique la fonction de *cinq heures* : complément circonstanciel de temps ;
• *en* : indique la fonction de *voiture* : complément circonstanciel de moyen ;
• *devant* : indique la fonction de *école* : complément circonstanciel de lieu.

Les trois prépositions sont donc des *indicateurs de fonction*. Toutes les trois relient le mot dont elles indiquent la fonction au verbe de la phrase *venait chercher*.

	quand ?	*vers cinq heures.*
venait chercher	comment ?	*en voiture.*
	où ?	*devant l'école.*

345 Mise en relation des mots à l'intérieur d'une phrase

Les prépositions relient un mot ou un groupe de mots soit directement au verbe, soit à un autre mot de la phrase.

Pendant le dîner, le chien de Marie se prélassait avec délices devant le feu de bois.

On découvre cinq prépositions. Parmi elles, certaines marquent des relations avec le verbe *se prélassait* ; d'autres indiquent des relations avec un élément autre que le verbe.

- Relations directes avec le verbe.
  - *pendant* : marque la relation de *dîner* avec le verbe *se prélassait* : complément circonstanciel de temps.
  - *avec* : marque la relation de *délices* avec le verbe *se prélassait* : complément circonstanciel de manière.
  - *devant* : marque la relation de *feu de bois* avec le verbe *se prélassait* : complément circonstanciel de lieu.
- Relations avec un élément autre que le verbe.
  - *de* : marque la relation de *Marie* avec *chien* : *Marie* est le complément du nom *chien*.
  - *de* : marque la relation de *bois* avec *feu* : *bois* est le complément du nom *feu*.

Certaines prépositions marquent presque toujours des relations avec le verbe : ce sont celles qui introduisent un complément circonstanciel : *pour, avec, dès, à cause de, par...*
D'autres sont plutôt utilisées pour marquer la relation entre un groupe nominal et un autre groupe nominal : *de, à.*
On trouvera cependant de nombreux exemples contradictoires :

Une robe <u>avec</u> des fils d'or.
(*Avec* marque la relation entre deux groupes nominaux.)

Un cousin <u>par</u> alliance.
(*Par* marque la relation entre deux groupes nominaux.)

REM

Il existe d'autres moyens de marquer la fonction des mots ou des groupes de mots constituant la phrase : la position des mots permet essentiellement de distinguer le sujet (placé avant le verbe) du complément d'objet direct (placé généralement après le verbe).

Pierre voit Paul — Paul voit Pierre.

Certains mots ou groupes de mots marquent leur fonction par leur sens, sans avoir besoin d'une préposition ou d'une place particulière dans la phrase.
Ce sont, notamment, les adverbes.

<u>Hier</u>, elle m'a téléphoné. Elle m'a téléphoné <u>hier</u>.

SENS ET FORME DES PRÉPOSITIONS

346 Sens des prépositions

Le nombre des prépositions est relativement limité. Le nombre des relations que l'on peut vouloir évoquer est quasiment infini. On comprend bien pourquoi chaque préposition peut avoir des sens variés selon le contexte dans lequel elle est utilisée.

Certaines prépositions sont utilisées de façon très fréquente pour marquer un type de fonction particulière.

347 Prépositions de sens limité

PRÉPOSITIONS	SENS
Avant, après, dès, depuis, en attendant, jusqu'à, pendant, etc.	le temps
À cause de, en raison de, vu, attendu, par suite de, étant donné, sous prétexte de, etc.	la cause
De façon à, de manière à, etc.	la conséquence
Pour, en vue de, dans l'intention de, afin de, etc.	le but
À condition de, dans le cas de, à moins de, etc.	la condition
À la manière de, selon, etc.	la comparaison
Dans, à l'intérieur de, sur, entre, etc.	le lieu

348 Prépositions de sens multiples

Une même préposition peut indiquer des fonctions très différentes selon les mots qu'elle met en relation :

Il marche avec | *difficulté* : manière
| *un bâton* : moyen
| *son chien* : accompagnement.

Selon que la préposition *avec* marque la fonction d'un mot abstrait comme *difficulté*, d'un objet concret comme *bâton*, ou, enfin, d'un être animé comme *son chien*, la fonction qu'elle exprime varie très fortement.

De même, la préposition *à* introduit des groupes de mots occupant des fonctions différentes :

À la récréation, elle parlait à voix basse à son amie.

à la récréation : complément circonstanciel de temps du verbe *parlait.*
à voix basse : CC de manière du verbe *parlait.*
à son amie : complément d'objet indirect du verbe *parlait.*

349 Forme des prépositions

La Grammaire pour tous et le nouveau programme

• Il y a des propositions simples (formées d'un seul mot) et des propositions complexes (formées de deux ou trois mots).

à, après, avant, avec, chez, contre, dans, de, depuis, derrière, devant, en, par, parmi, pendant, pour, sans, sur
→ Mots grammaticaux et mots lexicaux, paragraphe 297 ;

Principales prépositions complexes

Dans *La Grammaire pour tous*, on les appelle locutions prépositionnelles.

afin de, au-dessus de, au lieu de, en raison de, par suite de, sous prétexte de, à la manière de, à moins de, de façon à, de manière à, dans l'intention de, à l'intérieur de, à travers de, au milieu de, par crainte de

PRONOMS

350 Pronom ou substitut

Le pronom remplace le plus souvent un nom ou un groupe nominal ;
mais il peut aussi se substituer à un adjectif ou à une proposition entière.
Le fait qu'il puisse remplacer autre chose qu'un nom explique que l'on utilise
parfois le terme de *substitut* au lieu du terme *pronom*.

351 Conditions d'emploi d'un pronom

Lorsque l'on utilise un pronom, il faut faire très attention à ce que celui ou
celle à qui l'on s'adresse puisse sans difficulté savoir ce que ce pronom signifie,
c'est-à-dire à quelles personne, chose ou idée il fait allusion.

352 Différents pronoms

On distingue plusieurs catégories de pronoms :
– Les pronoms personnels :
je, tu, il, elle, nous, le, la, lui, etc.
– Les pronoms démonstratifs :
ce, ceci, cela, etc.
– Les pronoms possessifs :
le mien, le tien, le sien, la mienne, la tienne, la sienne, etc.
– Les pronoms interrogatifs :
qui, que, lequel, laquelle, etc.
– Les pronoms relatifs :
qui, que, quoi, dont, où, etc.
– Les pronoms personnels réfléchis : ⟶ Voix pronominale, paragraphe 529.

353 Définition et rôle

Les pronoms personnels désignent soit des personnes soit des objets
non animés.
Ils ont deux fonctions essentielles :
• ils remplacent un nom ou un groupe nominal afin d'éviter une répétition ;
• ils indiquent qui parle, de qui l'on parle et à qui l'on parle.

354 Tableau des pronoms personnels

La forme des pronoms personnels varie selon la ou les personnes qu'ils évoquent, la ou les choses auxquelles ils font référence ; elle change aussi selon la fonction qu'ils occupent dans la phrase.

	SUJET	COD	COI	CC DE LIEU
SINGULIER				
Ire pers.	*je*	*me*	*me*	.
2e pers.	*tu*	*te*	*te*	.
3e pers.	*il, elle, on*	*le, la, en*	*lui, en, y*	*en, y*
PLURIEL				
Ire pers.	*nous*	*nous*	*nous*	.
2e pers.	*vous*	*vous*	*vous*	.
3e pers.	*ils, elles*	*les*	*leur, en, y*	*en, y*

Je vois descendre <u>Tiphaine</u>.
  sujet   COD

→ *Je <u>la</u> vois descendre.*
          COD

<u>Il</u> dit <u>à Marie</u> : « Salut, ça va ? »
  sujet   COI

→ *Il <u>lui</u> dit : « Salut, ça va ? »*
          COI

Pour parler <u>de ses vacances</u>, <u>il</u>   <u>en</u> parle !
                    COI   sujet   COI

Je viens <u>du garage</u>.
  sujet   CC

→ *J'<u>en</u> viens.*
      CC

<u>Il</u> n'est pas <u>dans sa chambre</u>.
  sujet   CC

→ *Il n'<u>y</u> est pas.*
        CC

<u>Je</u> pense sans arrêt <u>à ton départ</u>.
  sujet   COI

→ *J'<u>y</u> pense sans arrêt.*
      COI

355 Formes pleines des pronoms personnels

Ce sont les formes des pronoms personnels qui s'emploient lorsqu'on veut insister sur la personne ou, beaucoup plus rarement, la chose dont on parle. On les appelle aussi *formes accentuées*.

<u>Moi</u>, on ne m'aura pas comme cela.
J'étais au courant ; <u>lui</u>, on ne lui en avait rien dit.

Ces formes sont aussi utilisées après les prépositions :

Tu viens avec <u>moi</u> ? Fais cela pour <u>elle</u> !

356 Tableau des formes pleines

Le tableau ci-dessous présente l'ensemble des formes accentuées des pronoms personnels.

INSISTANCE ET APRÈS PRÉPOSITIONS

SINGULIER

Ire pers.	*moi*
2e pers.	*toi*
3e pers.	*lui, elle*

PLURIEL

Ire pers.	*nous*
2e pers.	*vous*
3e pers.	*eux, elles*

Elle, on la laissera passer.
3e pers.   3e pers.

Eux,   ils ne t'en ont jamais voulu.
3e pers.   3e pers.
pluriel   pluriel

Toi,   tu ne changeras jamais.
2e pers.   2e pers.

Je sentais la colère monter en moi.
prép.   Ire pers.

357 Formes réduites

Lorsqu'on parle, on a tendance à supprimer la voyelle e des pronoms personnels *je, me, te, le.*

Je me le demande

J'me l'demande.
J'm'le demande.
Je m'le demande.

Lorsqu'on parle, on peut aussi utiliser *tu* et *il* sous une forme réduite : *il → i, tu → t'.*

Il me dit. → I'm'dit.   *Tu es bête. → T'es bête.*

Devant un mot commençant par une voyelle, *je, me, te* et *le* s'écrivent *j', m', t', l'* ; ils perdent par élision leur voyelle e.

Dès que je t'ai vue, je t'ai reconnue.

358 Emploi des pronoms personnels des 1re et 2e personnes

Ils désignent la ou les personnes qui parlent ou écrivent, la ou les personnes à qui l'on parle ou à qui l'on écrit. Ces pronoms, contrairement à ceux de la 3e personne, ne peuvent pas évoquer une personne ou une chose dont on parle.

- *Je* désigne celui ou celle qui parle (locuteur, locutrice) ou encore celui ou celle qui écrit (scripteur).
- *Tu* désigne celui ou celle à qui l'on parle (interlocuteur, interlocutrice) ou celui ou celle à qui l'on écrit (lecteur, lectrice).
- *Nous* peut désigner des groupes de personnes différents.

<u>Nous</u> *avons gagné.* (Toi et moi.)
Mon cher, <u>nous</u> *avons tout essayé.* (Lui et moi.)
Tu penses, <u>nous</u> *le lui avons dit.* (Eux ou elles et moi.)

Celui qui parle fait toujours partie du groupe.
- *Vous* peut désigner des groupes dont la composition varie.

<u>Vous</u> *avez tout cassé.* (Toi et toi.)
<u>Vous</u> *avez donc finalement réussi.* (Toi et lui, toi et elle.)
<u>Vous</u> *êtes arrivés hier ?* (Toi et eux.)

Remarquons que *vous* peut désigner la personne à qui l'on s'adresse lorsqu'on ne la connaît pas très bien ou lorsque l'on veut marquer de la politesse ou du respect.
Comparons, par exemple :

<u>Tu</u> *me fais rire, tiens !*   et :   <u>Vous</u> *me surprenez, chère amie.*

359 Emploi des pronoms personnels de 3e personne

Ils désignent des personnes ou des choses dont on a déjà parlé ou que l'on a déjà nommées par écrit.

Hier, j'ai apporté <u>des biscuits</u> *à* <u>Jacques</u> *;* <u>il</u> *ne* <u>les</u> *a pas mangés.*

Le pronom personnel peut évoquer une personne ou une chose dont on n'a pas parlé effectivement mais dont l'identité ne fait aucun doute.
Si je viens de rendre visite à Jacques et que celui qui me parle le sait, il me dira :

Comment va-t-il ? (Il = Jacques.)

Le pronom personnel *le (l')* peut remplacer non seulement un nom ou un GN, mais aussi un adjectif attribut ou une proposition.

Il t'aime ; j'espère que tu l'as compris.

Si tu es heureuse, je le suis aussi.

Dans ces exemples, le pronom personnel *le* est souvent appelé *pronom neutre.*

360 Emploi du pronom *en*

- Le pronom *en* s'emploie comme complément d'objet direct, pour remplacer un nom précédé de l'article *des, un, une* ou *du, de la.*

J'ai vu des tziganes. COD	→ *J'en ai vu.* COD

J'ai mangé du riz. → *J'en ai mangé.*
J'ai rencontré un musicien. → *J'en ai rencontré un.*
J'ai rencontré une comédienne. → *J'en ai rencontré une.*
J'ai vu plusieurs musiciens. → *J'en ai vu plusieurs.*

Lorsque le COD est accompagné par un adjectif indiquant une quantité, cet adjectif est repris à la fin de la phrase.

Il s'emploie aussi comme COI avec des verbes se construisant avec la préposition *de*, tels *parler de, dire de, savoir de, se douter de.*

Elle parle toujours de son pays. → *Elle en parle toujours.*
  COI   COI

Je me doutais qu'il partirait. → *Je m'en doutais.*
  COI   COI

REM

Dans un registre de langue soutenu, on ne doit pas utiliser *en* pour remplacer un animé ; cependant, à l'oral notamment, on a tendance à utiliser *en* pour remplacer les animés et les inanimés.

Il dit du mal de ses amis. → *Il en dit du mal.*

On le trouve enfin en fonction de complément circonstanciel de lieu quand celui-ci indique la provenance (*venir de, sortir de,* etc.).

Je sors de chez le coiffeur. → *J'en sors.*
  CC   CC

361 Emploi du pronom *y*

Le pronom *y* s'emploie comme COI avec des verbes se construisant avec la préposition *à*, tels *penser à, tenir à, participer à*.

Elle tient énormément à sa voiture. → *Elle y tient.*
COI   COI

Il a participé au match.   → *Il y a participé.*
COI   COI

REM

Le pronom *y* ne peut en principe remplacer qu'un inanimé ; on dira :

Elle pense à ses amis. → *Elle pense à eux,* et non : ⊘ *Elle y pense.*

Le pronom *y* s'emploie aussi comme complément circonstanciel de lieu avec des verbes indiquant la direction *(aller à, partir pour, se rendre à)*.

Je me rends à Londres. Je m'y rends.
CC   CC

362 Emploi du pronom *on*

Il ne s'emploie que pour désigner des êtres humains.
Il est toujours en fonction sujet. Il peut avoir plusieurs significations :

• tout le monde, n'importe qui

On oublie vite !

• quelqu'un

On a frappé.

• nous

Ça va, on a compris.

• tu, vous

Alors, on est contente, on a réussi.
(= Tu es contente, tu as réussi.)

363 Place des pronoms personnels

Le pronom personnel complément d'objet direct du verbe se place devant le verbe.

J'ai rencontré la postière. → *Je l'ai rencontrée.*
COD   COD

Lorsque le verbe est complété par deux pronoms, l'un complément d'objet direct, l'autre complément d'objet second, ils se placent ainsi :

- Les deux pronoms sont à la troisième personne ; l'ordre sera COD-COS :

Pierre le   lui a donné.
    COD COS

- Un pronom seulement est à la troisième personne ; l'ordre sera COS-COD :

Pierre me   l'a donné.
    COS COD

- Les pronoms personnels précédés d'une préposition ont une mobilité comparable aux groupes nominaux compléments circonstanciels.

⟶ paragraphes 90 et 91

Elle a travaillé pour eux toute sa vie.
Pour eux, elle a travaillé toute sa vie.
Elle a travaillé toute sa vie pour eux.

- Lorsque le verbe est à l'*impératif*, la position des pronoms personnels change selon que l'on utilise la forme affirmative ou négative.

Dis-le !   ⟶ *Ne le dis pas !*
Dis-le-lui !   ⟶ *Ne le lui dis pas !*
Dis-le-moi !   ⟶ *Ne me le dis pas !*

Pour plus de détails, ⟶ Complément d'objet second, paragraphes 170 et 171.

364 Accord de l'attribut avec les pronoms personnels

L'attribut s'accorde en genre avec le pronom personnel selon le nom que celui-ci remplace.

Marie, vous êtes heureuse ?

Lorsque **on** signifie *nous*, l'attribut se met au pluriel et s'accorde en genre :

On est toujours fâchées, Vanessa et moi.

365 Accord des pronoms personnels avec le participe passé

Lorsque le verbe est à un temps composé, le participe passé s'accorde en genre et en nombre avec le pronom personnel complément d'objet direct.

Alors, ces chaussures, vous les avez achetées ?
                             COD

PRONOMS DÉMONSTRATIFS

366 Rôle des pronoms démonstratifs

Les pronoms démonstratifs servent à distinguer à l'intérieur d'un ensemble d'êtres ou d'objets celui, celle, ceux ou celles que l'on veut désigner à l'attention de son auditeur ou de son auditrice. Ils permettent aussi de rappeler sans les répéter des mots ou des groupes de mots déjà énoncés ou écrits.

367 Tableau des pronoms démonstratifs

La forme des pronoms démonstratifs varie selon le genre et le nombre des êtres ou des choses qu'ils représentent. La fonction qu'ils occupent dans la phrase n'entraîne aucune variation de leur forme.

Le tableau suivant présente l'ensemble des pronoms démonstratifs :

	FORMES SIMPLES	FORMES COMPOSÉES	
SINGULIER			
masculin	*celui*	*celui-ci*	*celui-là*
féminin	*celle*	*celle-ci*	*celle-là*
NEUTRE	*ce (c')*	*ceci*	*cela (ça)*
PLURIEL			
masculin	*ceux*	*ceux-ci*	*ceux-là*
féminin	*celles*	*celles-ci*	*celles-là*

<u>*Ce*</u> *que vous me dites là m'inquiète* (ce = la chose).
<u>*Le train*</u> *de 10 heures est déjà passé : prenez* <u>*celui*</u> *de midi !*
<u>*Les melons*</u> *sont tous très beaux, mais je ne vous conseille pas* <u>*celui-ci*</u>*, il n'est pas assez mûr.*
Il s'est passé beaucoup de <u>*choses*</u>*, mais* <u>*cela*</u> *ne change rien à mes projets.*

368 Emploi du pronom ce (c')

Il peut remplacer un GN ou une phrase tout entière.

<u>*C'*</u>*est triste,* <u>*une nuit sans étoiles*</u>*.*
GN

<u>*Nous avons perdu beaucoup d'argent*</u> *;* <u>*c'*</u>*est ennuyeux.*

Le pronom *ce* peut signifier *la chose, l'événement*, etc. Dans ce cas, il est toujours suivi d'une proposition relative qui précise sa signification.

Ce que j'ai vu m'a suffi (ce = le spectacle…).

REM *Ce* associé à *être* sert à mettre en évidence un élément de la phrase
(⟶ Mise en relief, paragraphes 283 à 290)

369 Emploi des pronoms *celui, ceux, celle, celles*
Ces pronoms sont suivis d'une proposition subordonnée relative ou d'un GN complément de nom.

Parmi tous les costumes de Pierre, je n'aime pas tellement celui qu'il a acheté en Italie.
Comme je n'avais pas de perceuse, j'ai emprunté celle de mes voisins.

REM Les pronoms *celui* et *celle* peuvent représenter un non-animé, comme dans les exemples précédents, ou un animé, comme dans l'exemple suivant :

Cette enfant n'est pas celle que j'ai vue hier.

Celui et *celle* suivis d'une relative peuvent signifier *toute personne qui* :

Celui qui n'a jamais eu faim ne peut pas comprendre.

370 Emploi des pronoms *ceci, cela, ça*
Ils peuvent représenter :
- un nom (souvent un non-animé)

L'hypocrisie, je déteste ça.

- un infinitif

Dormir, j'adore ça.

- une proposition entière

L'avion est en retard, cela m'inquiète.

REM *Ceci* est très peu utilisé dans la langue courante, on lui préfère *cela* et encore plus souvent *ça*. Il faut noter que *ça* est parfois employé dans un registre familier pour désigner des personnes. Dans ce cas, le plus souvent, il a un sens péjoratif :

Les jeunes, ça ne fait attention à rien.

371 Emploi des pronoms *celui-ci, celui-là, celle-ci, celle-là*

Ils remplacent des groupes nominaux dont le nom désigne un animé ou un non-animé.

De tous ces tableaux, c'est celui-ci que je préfère.
Si vous cherchez un chien d'appartement, prenez celui-ci.

REM   Normalement, *celui-ci* désigne un être ou un objet proche, que l'on peut voir ou dont on vient de parler ; *celui-là* évoque un être ou un objet plus éloigné, qui n'est pas présent ou dont on a parlé il y a plus longtemps.

En fait, cette distinction a tendance à disparaître ; *celui-là* est le plus utilisé.

LES PRONOMS POSSESSIFS

372 Rôle des pronoms possessifs

Le pronom possessif remplace un nom accompagné d'un adjectif possessif : *ma voiture - la mienne.* Dans la plupart des cas, l'utilisation d'un pronom possessif permet de distinguer un être ou un objet en précisant à qui il appartient.

373 Forme des pronoms possessifs

Comme celle des pronoms personnels, elle varie selon la personne, le genre et le nombre. Le choix de la personne dépend de celui ou celle qui possède l'être ou l'objet dont on parle.

Ce livre, c'est le mien (c'est un livre qui appartient à celui ou à celle qui parle).
    1re pers.

Ce livre, c'est le tien (c'est un livre qui appartient à celui ou à celle à qui l'on s'adresse).
    2e pers.

Le genre et le nombre des pronoms possessifs dépendent de l'être ou de la chose désignés par le pronom.

Donne-moi ta raquette, j'ai prêté la mienne.
    fém. sing.

On a volé mes bijoux, mais on n'a pas touché aux tiens.
    masc. pl.

374 Tableau des pronoms possessifs

CELUI QUI POSSÈDE	CE QUI EST POSSÉDÉ			
	SINGULIER		PLURIEL	
	MASCULIN	FÉMININ	MASCULIN	FÉMININ
SINGULIER				
Ire pers.	le mien	la mienne	les miens	les miennes
2e pers.	le tien	la tienne	les tiens	les tiennes
3e pers.	le sien	la sienne	les siens	les siennes
PLURIEL				
Ire pers.	le nôtre	la nôtre	les nôtres	les nôtres
2e pers.	le vôtre	la vôtre	les vôtres	les vôtres
3e pers.	le leur	la leur	les leurs	les leurs

375 *Notre, votre et le nôtre, le vôtre*

Les pronoms possessifs des Ire et 2e personnes du pluriel se distinguent des adjectifs possessifs non seulement par la présence de l'article *(le, la, les)*, mais aussi par l'accent circonflexe sur le *o* : *le nôtre, le vôtre.*

376 *Leur et le leur*

Il faut bien distinguer le pronom possessif *le leur* de l'adjectif possessif *leur*.

Ils tenaient <u>leur</u> fille par la main.
      adj. poss.

Notre chat est magnifique. <u>Le leur</u> est moins beau.
      pron. possessif

REM

Il faut, d'autre part, prendre garde à ne pas confondre le pronom ou l'adjectif possessif *leur(s)* (pluriel de *son*…) avec le pronom personnel *leur* (pluriel de *lui*). *Leur*, pronom personnel, est invariable :

Nos habits étaient déchirés, <u>les leurs</u> étaient tout neufs.
      pron. poss.

Il ne faut pas <u>leur</u> parler durement, ils sont encore bien jeunes.
      pron. pers. invariable

En cas de doute, on peut toujours mettre la phrase au singulier :

Nos habits étaient déchirés, <u>les siens</u> étaient tout neufs.
      pron. poss.

Il ne faut pas <u>lui</u> parler durement, il est encore bien jeune.
      pron. pers.

LES PRONOMS INTERROGATIFS

377 Rôle des pronoms interrogatifs

Les pronoms interrogatifs permettent de questionner celui ou celle à qui l'on parle sur l'identité ou l'action d'un être ou d'un objet.

De qui parle-t-on ?
De quoi s'agit-il ?

378 Pronoms interrogatifs simples

La forme des pronoms interrogatifs varie selon que la question porte sur une personne, sur un animal ou sur un objet.
Elle dépend, d'autre part, de la fonction qu'occupe le pronom interrogatif dans la phrase.

	PERSONNES	OBJETS
SUJET	*qui*	.
COD	*qui*	*que*
COI	*à, de qui*	*à, de quoi*
CC	préposition + *qui*	préposition + *quoi*

Qui a donc cassé ce vase ? — Paul.
sujet (personne)

Qui avez-vous vu ? — La directrice.
COD (personne)

Qu'avez-vous vu ? — Un accident.
COD (chose)

À qui avez-vous parlé ? — Au boulanger.
COI (personne)

De quoi avez-vous parlé ? — De son travail.
COI (chose)

Avec qui as-tu dansé ? — Avec Jacqueline.
CC (personne)

Avec quoi as-tu cassé les noix ? — Avec une pierre.
CC (chose)

Le pronom interrogatif *qui* s'emploie pour poser une question à propos d'un être humain (parfois un animal) quelle que soit la fonction qu'il occupe ; il se combine avec toutes les prépositions (*à, de, pour,* etc.).

Que et *quoi* s'emploient lorsque la question porte sur des objets (parfois sur un animal). *Que* s'emploie sans préposition et *quoi* s'emploie toujours lorsqu'il y a une préposition.

Que ne peut s'employer en fonction sujet ; dans ce cas, c'est la forme complexe *qu'est-ce qui* qui sera utilisée.

379 Pronoms interrogatifs complexes

	PERSONNES	OBJETS
SUJET	*qui est-ce qui*	*qu'est-ce qui*
COD	*qui est-ce que*	*qu'est-ce que*
COI	*à, de qui est-ce que*	*à, de quoi est-ce que*
CC	préposition + *qui est-ce que*	préposition + *quoi est-ce que*

1. Qui est-ce qui est passé ? — *Le plombier.*
   sujet   (personne)

2. Qu'est-ce qui ne va pas ? — *Un fil débranché.*
   sujet   (chose)

3. Qui est-ce que tu viens de saluer ? — *La mairesse.*
   COD   (personne)

4. Qu'est-ce que tu nous racontes ? — *Rien de neuf.*
   COD   (chose)

5. À qui est-ce que tu penses ? — *À mon père.*
   COI   (personne)

6. À quoi est-ce que tu penses ? — *À mes vacances.*
   COI   (chose)

7. Avec qui est-ce que tu sors ? — *Avec mon frère.*
   CC   (personne)

8. En quoi est-ce que tu es venu ? — *En avion.*
   CC   (chose)

380 Emploi de *qui est-ce qui?* et de *qu'est-ce...?*

Lorsque la question porte sur des personnes, c'est toujours la forme
qui est-ce... qui est utilisée.
Cette forme est suivie de *qui* en fonction sujet (exemple 1, page précédente),
de *que* dans les autres fonctions (exemple 3).
En revanche, lorsque la question porte sur des objets,
on trouve toujours la forme *qu'est-ce...* (exemples 2 et 4)
ou *quoi est-ce* (après préposition) (exemples 6 et 8).
En fonction sujet, on ajoute *qui*; en fonction complément, on utilise *que*.

381 Emploi des pronoms interrogatifs dans l'interrogation indirecte

Dans l'interrogation indirecte, on ne doit pas utiliser les formes
complexes des pronoms interrogatifs :
- à la place de *qui est-ce qui*, on doit employer *ce qui* ;
- à la place de *qu'est-ce que*, on doit employer *ce que*.

Dis-moi ce qui s'est passé.
⊘ *Dis-moi qu'est-ce qui s'est passé.*

Dis-moi qui est venu.
⊘ *Dis-moi qui est-ce qui est venu.*

Je ne sais pas ce que vous voulez.
⊘ *Je ne sais pas qu'est-ce que vous voulez.*

Je ne me rappelle plus qui j'ai vu.
⊘ *Je ne me rappelle plus qui est-ce que j'ai vu.*

LES PRONOMS RELATIFS

382 Rôle du pronom relatif

Le pronom relatif sert à reprendre un mot que l'on vient d'utiliser
pour lui donner avec un autre verbe une fonction nouvelle.
Le mot qui est remplacé s'appelle l'*antécédent du pronom relatif.*

- *Qui* est sujet.

Je lui ai acheté <u>une poupée</u> qui <u>pleure</u>.

sujet → V

- *Que* est complément d'objet direct.

Je t'ai acheté <u>la poupée</u> que <u>tu désirais</u> depuis longtemps.

COD → V

- *Où* est complément circonstanciel de lieu (parfois de temps).

Je l'ai déposé <u>à l'endroit</u> où <u>il voulait</u> aller.

CCL → V

C'était <u>l'hiver</u> où <u>il est mort</u>.

CCT → V

- *Dont* peut remplir plusieurs fonctions :
  - complément du nom

Elle monta <u>sur le bateau</u> dont <u>les voiles</u> étaient déjà hissées.

(= du bateau)

  - complément d'un adjectif

Il m'a montré <u>le livre</u> dont il était <u>fier</u>.

(= du livre)

  - complément d'objet indirect

Il en vint <u>au sujet</u> dont il voulait me <u>parler</u>.

(= du sujet)

  - complément d'agent

Elle regardait <u>les victuailles</u> dont l'armoire était <u>remplie</u>.

(= de victuailles)

REM

Quand on utilise le relatif *dont*, la relation exprimée comporte la préposition *de*.

Lorsque la fonction du pronom relatif est difficile à trouver, on devra chercher les deux phrases qui ont permis de procéder à l'enchâssement :

Jacques acheta une voiture <u>dont</u> le prix lui avait semblé raisonnable.

Cette phrase se décompose en :

Isabelle acheta une voiture.
Le prix <u>de la voiture</u> lui avait semblé raisonnable.

⌐— compl. du nom

Dont, substitut de *voiture*, est, dans la proposition relative, complément du nom *prix*.

384 Emploi des pronoms relatifs composés

GENRE ET NOMBRE	PRONOMS RELATIFS COMPOSÉS	+ À	+ DE	+ AVEC
MASC. SING.	lequel	auquel	duquel	avec lequel
FÉM. SING.	laquelle	à laquelle	de laquelle	avec laquelle
MASC. PL.	lesquels	auxquels	desquels	avec lesquels
FÉM. PL.	lesquelles	auxquelles	desquelles	avec lesquelles

C'est bien l'homme auquel je pense (à + lequel).
La femme de laquelle on dit tant de bien habite cette maison.
C'est la voiture avec laquelle nous avons gagné.

On ne peut remplacer *lequel* par *qui* que dans les deux premiers exemples :

L'homme à qui je pense.
La femme de qui on dit tant de bien.

Cela tient au fait que *qui* ne peut remplacer *lequel* après une préposition que si l'antécédent est une personne.

⊗ *C'est la voiture avec qui nous avons gagné.*

385 Définitions

Les propositions subordonnées comportent toujours un élément verbal (verbe conjugué, infinitif ou participe).

Elles peuvent compléter soit un nom, soit le verbe de la proposition principale.
Si elles complètent un nom, ce sont des *subordonnées relatives*;
si elles complètent le verbe, ce sont des *subordonnées conjonctives*.

386 Rôle des subordonnées conjonctives

Les subordonnées conjonctives peuvent jouer, par rapport à la principale

* soit le rôle d'un complément essentiel (COD, sujet, COI) :
  dans ce cas, on les nommera *subordonnées complétives* ;
* soit le rôle d'un complément non essentiel :
  dans ce cas, on les appellera *subordonnées circonstancielles*.

387 Schéma récapitulatif des différentes propositions subordonnées

Les propositions relatives s'opposent aux conjonctives.

LES SUBORDONNÉES RELATIVES

388 Définition de la subordonnée relative

La subordonnée relative complète un nom ou un groupe nominal appartenant à la proposition principale : elle fait partie des expansions du nom au même titre que le complément du nom et l'adjectif.

Est-ce que tu as revu le garçon qui t'a fait répéter hier ?
     V GN COD ←————relative expansion

La proposition relative *qui t'a fait répéter hier* détermine le groupe nominal *le garçon*. Ce groupe nominal est le complément d'objet direct du verbe *as revu*, noyau de la proposition principale. On pourrait remplacer la relative :

* par un complément du nom

Est-ce que tu as revu le garçon aux yeux bleus ?
       GN GN expansion

- par un adjectif épithète

Est-ce que tu as revu le jeune garçon ?

adj. épithète   N

Parmi toutes les expansions du groupe nominal, la proposition relative est sans doute celle qui apporte au GN la plus forte information, qui le détermine de la façon la plus précise. Il est sans aucun doute plus facile de savoir de quel garçon il s'agit à partir de :

Le garçon qui t'a fait répéter hier.

qu'à partir de :

Le garçon aux yeux bleus.

et encore moins à partir de :

Le jeune garçon.

389 Relative déterminative

La relative déterminative complète de façon souvent indispensable un nom ou un groupe nominal de la principale.

Nous avons tous peur des années qui arrivent.

relative déterminative

La relative déterminative *qui arrivent* permet de savoir de quelles années on veut parler. Si l'on supprime la relative, la phrase n'est plus complète :

Ⓓ *Nous avons tous peur des années.*

390 Relative explicative (appositive)

Si l'on supprime la relative explicative, la phrase reste acceptable :

L'enfant, qui commençait à se fatiguer, nageait avec difficulté.

relative explicative

La relative explicative *qui commençait à se fatiguer* apporte une information à propos du GN *l'enfant*. Mais cette information n'est pas indispensable à la phrase.

L'enfant nageait avec difficulté.

La relative explicative est généralement encadrée par deux virgules
(ou pauses, à l'oral) ; en ce sens, elle se rapproche de l'apposition,
et ce type de relative est souvent appelée appositive.

Les relatives explicatives ou appositives informent souvent sur la cause
de l'événement exprimé par la principale.

L'homme, que la colère gagnait, se leva d'un bond.
— cause —

Le loup, qui avait faim, sortit du bois.
— cause —

391 Antécédent du pronom relatif

Il m'a présenté la femme qui lui avait sauvé la vie.
GV   GN   pronom relatif   GV
— COD   sujet —

Le groupe nominal *la femme* est le complément d'objet direct
du verbe *a présenté*, qui constitue le noyau de la proposition principale :
il m'a présenté la femme.

Le groupe nominal *(la femme)* est immédiatement suivi du pronom relatif *qui* :
celui-ci représente *la femme* et occupe la fonction de sujet du verbe
avait sauvé, noyau de la proposition subordonnée.

On dira que le groupe nominal *la femme* est l'antécédent du pronom relatif *qui*.

On rencontre des phrases où le pronom n'a pas d'antécédent,
celui-ci n'étant pas nécessaire :

Qui vole un œuf vole un bœuf. (= Celui ou celle qui…)

Je voterai pour qui me promettra moins d'impôts. (= Pour celui ou celle qui…)

392 Mécanisme de la subordination relative

En fait, la construction relative est un moyen permettant à un nom
qui a déjà une fonction dans une proposition d'en assurer une autre
à l'intérieur d'une proposition différente.

Pour atteindre ce résultat, on fait suivre ce nom d'un pronom particulier,
appelé pronom relatif, qui va jouer un nouveau rôle dans la subordonnée.

À partir de deux phrases :

Il m'a présenté un homme. — *L'homme lui avait sauvé la vie.*
             COD   sujet

on obtient une seule phrase grâce au pronom relatif :

Il m'a présenté l'homme qui lui avait sauvé la vie.
             COD   sujet

Cette procédure est appelée enchâssement.

393 Accord dans la subordonnée relative

Le pronom relatif transmet au groupe verbal de la subordonnée le genre et le nombre de son antécédent.

J'ai revu cette femme qui était si occupée.
        fém. sing.

Le pronom relatif *que*, lorsqu'il est le COD d'un verbe conjugué à un temps composé, impose le genre et le nombre dont il est porteur au participe passé.

Les pommes que tu as rapportées sont excellentes.
   fém. pl.

Lorsque l'antécédent du pronom relatif est un pronom personnel, le pronom relatif est porteur de la personne du pronom personnel, qu'il transmet au verbe de la subordonnée.

C'est moi qui l'ai attrapé !
    Ire pers.

⊘ *C'est moi qui l'a attrapé !*

394 Emploi du subjonctif dans les relatives

Le verbe de la relative se met souvent à l'*indicatif.*

Nous saisirons la première occasion qui se présentera.

Cependant, on mettra la relative au *subjonctif* :

• quand la proposition relative se trouve après un superlatif relatif (→ paragraphes 44 et 45), tel que *le premier, la première, le seul, la seule le plus, la plus...* :

C'est vraiment l'homme le plus amusant que nous ayons jamais rencontré.

⊘ *... que nous avons jamais rencontré.*

- quand la relative exprime un désir, une intention :

Je veux construire un grand coffre où l'on <u>puisse</u> ranger tous tes livres.
Ⓜ *... où l'on peut ranger...*

- quand la relative se trouve après *ne... que, seulement...* :

Je ne connais dans cette ville qu'une personne qui <u>soit</u> capable de vous aider.
Ⓜ *... qui est capable...*

LES SUBORDONNÉES CONJONCTIVES

395 Définition et fonctions

Les conjonctives sont des propositions comportant un noyau verbal ;
elles sont les *compléments du verbe* de la principale.
Parmi les conjonctives, on distingue les *complétives* et les *circonstancielles*.
Les complétives sont plus souvent COD, parfois sujet.
Les propositions subordonnées circonstancielles peuvent remplir la plupart des fonctions circonstancielles du groupe nominal.

396 Définition des complétives

Les subordonnées complétives sont introduites par la conjonction de subordination *que* :

Je vois que <u>tu as fini ton travail.</u>

397 Complétives en fonction COD

Les complétives peuvent être objet du verbe de la principale.

Elle m'<u>annonce</u> <u>qu'il se marie bientôt</u>.
  V   COD

On pourrait remplacer la complétive par un groupe nominal qui remplirait la même fonction de complément d'objet direct :

Elle m'<u>annonce</u> <u>le mariage prochain de Pierre</u>.
  V   GN COD

398 Complétives en fonction de sujet

Qu'il ne soit pas venu ne nous surprend pas.
_{sujet}   V

On peut remplacer la complétive par un groupe nominal en fonction de sujet.

Son absence ne nous surprend pas.
GN sujet   V

399 Mécanisme de subordination des complétives

Les subordonnées complétives sont le résultat de l'enchâssement de deux phrases.

Nous avons appris avec inquiétude.
Une tempête se préparait.

On obtient par l'enchâssement des deux phrases :

Nous avons appris avec inquiétude qu'une tempête se préparait.

Certains groupes nominaux sont suivis d'une proposition subordonnée complétive. Il s'agit de noms qui expriment une action en cours et qui proviennent le plus souvent d'un verbe.

Leur sens est d'ailleurs très proche de celui d'un verbe ;

La pensée qu'il allait déménager le réjouissait.
action en cours   complétive
(= Il pensait qu'il allait déménager...)

J'ai la preuve qu'il a bien gagné la course.
   action en cours   complétive

Elle vivait avec la conviction qu'elle deviendrait célèbre.
       action en cours   complétive

400 Emploi du mode indicatif dans les complétives

Le verbe de la subordonnée complétive se met à l'indicatif ou au subjonctif selon le sens du verbe principal.

Le verbe de la complétive se met à l'indicatif lorsque le verbe de la principale exprime une déclaration, un jugement ou une connaissance (*dire, raconter, expliquer, savoir, croire, apprendre*...).

Je pense qu'il fera chaud cet été.
  opinion   indicatif futur

Lorsque la phrase est à la forme interrogative ou négative, on peut utiliser
soit le subjonctif, soit l'indicatif.

Je ne pense pas qu'il fasse beau cet été (ou qu'il fera).
Pensez-vous qu'il fasse beau cet été ?
Pensez-vous qu'il fera beau cet été ?

401 Emploi du mode subjonctif dans la complétive

Le verbe de la complétive se met au subjonctif lorsque le verbe
de la principale exprime la volonté, le désir, le refus, la crainte
(vouloir, ordonner, désirer, interdire, craindre…).

Je souhaite vraiment qu'il aille voir un médecin.
   désir   subj.

Après les verbes comme *craindre* et *avoir peur*, on peut utiliser
dans la complétive la négation *ne* sans pour autant donner un sens négatif
à la phrase :

Je crains qu'elle ne vienne. (= Je crains qu'elle vienne.)

Si l'on désire mettre la complétive à la forme négative, on devra écrire :

Je crains qu'elle ne vienne pas.

402 Définitions des circonstancielles

Les propositions subordonnées circonstancielles peuvent remplir
la plupart des fonctions circonstancielles du groupe nominal
(→ Complément circonstanciel, paragraphe 100) : temps, cause, but, etc.
Ces subordonnées circonstancielles ont d'ailleurs, en général, une mobilité
dans la phrase comparable à celle des GN compléments circonstanciels.

403 Conjonctions de subordination exprimant le temps

Les subordonnées circonstancielles de temps sont introduites
par des conjonctions de subordination telles que : *quand, alors que, tant que,*
dès que, aussitôt que, pendant que, avant que, depuis que, etc.

REM

Beaucoup de ces conjonctions sont composées d'une préposition accompagnée
de la subordination *que* : *dès que, après que,* etc.

404 Valeur de la subordonnée circonstancielle de temps

Selon la conjonction de subordination utilisée, on présente l'action du verbe principal comme se passant avant, pendant ou après celle évoquée par le verbe de la subordonnée.

- Avant :

principale

subordonnée

Je vais jouer au tennis avant qu'il ne fasse nuit.
principale   subordonnée

Elle reste dans la cour jusqu'à ce qu'on l'appelle.
principale   subordonnée

- Pendant :

principale

subordonnée

Quand sa mère n'est pas là, il en profite pour regarder la télévision.
subordonnée   principale

J'y vais pendant que vous faites le guet.
principale   subordonnée

- Après :

principale

subordonnée

Une fois qu'elle eut terminé ses devoirs, elle prit ses skis et sortit.
subordonnée   principale

Depuis que sa famille est partie, il s'ennuie.
subordonnée   principale

405 Modes utilisés dans les circonstancielles de temps

En règle générale, le verbe de la circonstancielle de temps se met à l'*indicatif* lorsque l'action du verbe principal est présentée comme ayant lieu *après* ou *pendant* celle exprimée par le verbe subordonné.

Dès que le soleil se fut levé, il bondit de son lit.
indicatif

Marchons tant que nous en avons le courage.
indicatif

En revanche, le verbe de la circonstancielle se met au *subjonctif* lorsque l'action du verbe principal se situe avant celle du verbe de la subordonnée.

Allons-y <u>avant qu</u>'ils <u>aient fini</u> le gâteau.
subjonctif

La règle exige l'indicatif avec *après que.*

Vous rentrerez <u>après que</u> vous <u>aurez terminé</u> la vaisselle.
indicatif

Il est parti <u>après qu'il eut terminé</u> la vaisselle.
indicatif

406 Conjonctions de subordination exprimant la cause

Les subordonnées circonstancielles de cause sont introduites par des conjonctions de subordination telles que : *parce que, comme, du moment que, non pas que, étant donné que, sous prétexte que...*

Vu que <u>tu ne m'écoutes pas</u>, <u>tu ne risques pas de comprendre</u>.
subordonnée   principale

Je me dépêche <u>parce que je crains d'être en retard</u>.
principale   subordonnée

407 Place de la subordonnée circonstancielle de cause

La circonstancielle de cause a en général une certaine mobilité dans la phrase.

Puisque <u>tu sais tout</u>, <u>parle</u> !
subordonnée   principale

Parle, puisque <u>tu sais tout</u> !
principale   subordonnée

Cependant, la subordonnée introduite par *comme* se place obligatoirement en tête.

Comme <u>le jardin est petit</u>, <u>nous n'avons pas d'arbres</u>.
subordonnée   principale

La subordonnée introduite par *parce que* termine le plus souvent la phrase.

<u>Il n'est pas venu</u>, parce qu'il était malade.
principale   subordonnée

Celle introduite par *vu que, attendu que*, etc., est généralement en tête.

Attendu que **Madame Martin avoue avoir pris la recette,**
subordonnée

elle sera jugée pour vol.
principale

408 Modes utilisés dans la subordonnée circonstancielle de cause

Le verbe de la circonstancielle de cause se met à l'indicatif, sauf lorsque l'on utilise la conjonction *non (pas) que*.

Je ne le ferai pas, **non pas que** *je n'en* **sente** *pas l'intérêt,*
subjonctif

mais par pure paresse.

Mais :

Je ne le ferai pas, **non pas parce que** *je n'en* **sens** *pas l'intérêt,*
indicatif

mais par pure paresse.

Après *parce que* et *puisque*, lorsque la subordonnée comporte un attribut, le sujet et l'élément verbal de la subordonnée peuvent être omis.

Il a été éliminé parce que **trop jeune.**
(= parce qu'il était trop jeune.)

409 Conjonctions de subordination exprimant le but

Les subordonnées circonstancielles de but sont introduites par des conjonctions de subordination telles que : *pour que, afin que, de peur que...*

Je vous ai fait venir pour que **vous les félicitiez.**
principale   subordonnée

410 Place de la subordonnée circonstancielle de but

Généralement, la circonstancielle de but se place en fin de phrase.

Elle fait tout ce qu'elle peut pour que **tu réussisses.**
subordonnée

On peut parfois la placer en tête, pour la mettre en valeur.

Afin qu'il soit à l'aise, je l'installai près du maire.
subordonnée

411 Modes utilisés dans la subordonnée circonstancielle de but

Le verbe de la circonstancielle de but se met au subjonctif.

Nous vous avertissons <u>de sorte que</u> vous ne <u>soyez</u> pas du tout surprises.

412 Conjonctions de subordination exprimant la concession

Les subordonnées circonstancielles d'opposition ou de concession sont introduites par des conjonctions telles que : *quoique, bien que, alors que, même si, quand bien même, tout* (+ adj.) *que, malgré que...*

Si <u>riche</u> <u>qu'il soit</u>, <u>il ne pourra</u> <u>l'acheter</u>.
     subordonnée   principale

413 Modes utilisés dans les subordonnées circonstancielles de concession

Le verbe de la circonstancielle d'opposition ou de concession se met au subjonctif dans la plupart des cas.

Elle a disparu <u>sans que</u> nous nous en <u>apercevions</u>.
                                   subjonctif

Cependant, il se met :
– à l'indicatif avec *même si, alors que, tout* (+ adj.) *que*.

Elle pousse <u>alors qu'elle doit</u> tirer.
                    indicatif

Il ira <u>même si</u> cela le <u>rend</u> malade.
               indicatif

– au conditionnel après *quand bien même*.

<u>Quand bien même</u> nous <u>gagnerions</u> ce match,
                      conditionnel

cela ne nous empêcherait pas de perdre le championnat.

REM

Après *quoique* et *bien que*, lorsque la subordonnée comporte un attribut, le sujet et l'élément verbal de la subordonnée peuvent être omis :

<u>Quoique</u> <u>très à l'aise</u>, elle dépense peu.
       subordonnée

(= Quoiqu'elle soit très à l'aise...)

414 Conjonctions de subordination exprimant la condition

Les subordonnées circonstancielles de condition sont introduites par des conjonctions telles que : *si, pourvu que, pour peu que, à supposer que, selon que, suivant que, à moins que, au cas où,* etc.

Selon qu'il fera beau ou non, nous sortirons en bateau ou resterons ici.
<u>subordonnée</u>   principale

415 Modes utilisés dans les subordonnées de condition

- L'*indicatif* après *si, selon que, suivant que,* etc. :

Si vous venez, je serai heureuse.
     indicatif présent

Si vous veniez, je serais heureuse.
     indicatif imparfait

- Le *conditionnel* après *au cas où, quand bien même* :

Je garde cette place au cas où il viendrait.
                   conditionnel

- Le *subjonctif* dans tous les autres cas :

Ils deviendront riches pourvu qu'ils ne fassent pas d'erreurs.
                   subjonctif

Pour peu que vous le laissiez faire, il vous ruinera.
         subjonctif

416 Concordance des temps avec les subordonnées de condition

La subordonnée circonstancielle de condition introduite par *si* voit le temps de son verbe varier en fonction du temps du verbe de la principale.

- Le verbe de la principale est à l'*indicatif*, celui de la subordonnée est au même temps que celui de la principale.

Si tu te conduis ainsi, tu perds toute chance de réussir.
       présent   présent

Si tu t'es conduit ainsi, tu as perdu toute chance de réussir.
    passé composé   passé composé

Lorsque le verbe de la principale est au *futur*, le verbe de la subordonnée reste au *présent*.

Si tu te conduis ainsi, tu perdras toute chance de réussir.
      présent   futur

- Le verbe de la principale est au *conditionnel*.

Lorsqu'il est au *conditionnel présent*, celui de la subordonnée se met à l'*imparfait de l'indicatif*.

Si j'avais de l'argent, j'achèterais une voiture.

imparfait indicatif   conditionnel présent

On ne dit jamais :

⊘ *Si j'aurais de l'argent, j'achèterais une voiture.*

Lorsque le verbe de la principale est au *conditionnel passé*, celui de la subordonnée se met au *plus-que-parfait de l'indicatif*.

Si j'avais eu de l'argent, j'aurais acheté une voiture.

plus-que-parfait indicatif   conditionnel passé

On ne dit jamais : ⊘ *Si j'aurais eu de l'argent…*

REM

On peut marquer la condition sans utiliser la subordination ; on met alors le verbe de la circonstancielle au conditionnel :

Vous me l'auriez dit avant, je vous aurais gardé une place.

conditionnel   conditionnel

(= Si vous me l'aviez dit avant, je vous aurais gardé une place.)

417 Conjonctions de subordination exprimant la comparaison

Les subordonnées circonstancielles de comparaison sont introduites par *comme, de même que, aussi que* et par la conjonction *que* précédée par *tel* (+ adj.), *aussi* (+ adj.), *moins* (+ adj.), etc.

Elle a agi comme je le lui avais dit.

principale subordonnée

418 Mode utilisé dans les subordonnées de comparaison

Le verbe de la subordonnée de comparaison est normalement à l'*indicatif*.

Le temps est moins mauvais qu'on ne l'avait annoncé aux informations.

indicatif

Cependant, lorsque la subordonnée est présentée comme une simple hypothèse, le verbe se met souvent au *conditionnel*.

Elles ont mieux joué que je ne l'aurais cru.

conditionnel

Les subordonnées relatives, complétives et circonstancielles peuvent présenter, au lieu d'un verbe conjugué, un verbe à l'infinitif, un participe présent ou un participe passé. L'infinitif, ou le participe, constitue alors le noyau d'une véritable proposition.

419 Proposition infinitive à valeur de relative

Il regardait par la fenêtre les enfants jouer dans la cour.

On observe, dans cet exemple, deux noyaux verbaux :
– *regardait* : verbe de la principale dont le sujet est *il*, le complément d'objet *les enfants* et le complément circonstanciel *par la fenêtre* ;
– *jouer* : verbe de la subordonnée dont *dans la cour* constitue le complément circonstanciel et *les enfants* le sujet.
Les deux noyaux verbaux ont un élément en commun : *les enfants*, objet de *regardait* et sujet de *jouer*.
Une telle phrase équivaut à :

Il regardait par la fenêtre les enfants qui jouaient dans la cour.

Le pronom relatif *qui* remplace *enfants*.

On dira donc que la relative à l'infinitif a une construction du même type que la relative avec un verbe conjugué ; l'absence du pronom relatif a pour conséquence qu'un même mot est à la fois objet du verbe de la principale et sujet du verbe à l'infinitif. Cette construction n'est possible qu'avec des verbes tels que : *regarder, voir, entendre, apercevoir, écouter, sentir...*

420 Proposition infinitive à valeur de complétive

Lorsque le sujet du verbe de la subordonnée est le même que celui de la principale, on peut transformer le verbe de la complétive en un infinitif sans sujet exprimé.

Louise pense	*Louise pense venir.*
Louise viendra	*(ou : Louise pense qu'elle viendra)*
mais : *Louise pense Pierre viendra*	*Louise pense que Pierre viendra.*

En règle générale, la transformation infinitive est obligatoire avec des verbes comme *désirer* qui sont suivis d'un verbe subordonné au subjonctif, lorsque les deux verbes désignent la même personne. Avec les autres verbes, elle est facultative.

Je désire <u>venir</u>.   ⊗ *Je désire que je vienne.*

Selon le verbe, la transformation infinitive est parfois introduite par *de*.

J'attends <u>d</u>'être prêt.

421 Proposition infinitive à valeur circonstancielle

Lorsque le verbe de la proposition circonstancielle a le même sujet que celui de la proposition principale, la transformation infinitive est fréquente.

- Circonstancielles de temps *(avant de, après...)* :

<u>Avant que je ne me décide</u>, je veux connaître votre opinion.
<u>Avant de me décider</u>, je veux connaître votre opinion.

- Circonstancielles de cause *(pour, faute de...)* :

Il a eu une amende <u>parce qu'il avait brûlé le feu</u>.
Il a eu une amende <u>pour avoir brûlé le feu</u>.

- Circonstancielles de but *(pour, en vue de, de peur de...)* :

Je suis venue <u>afin de vous dire bonjour</u>.

- Circonstancielles d'opposition ou de concession *(sans, au lieu de...)* :

Il est parti <u>sans nous prévenir</u>.

422 Proposition participiale avec participe présent

Les subordonnées relatives et circonstancielles peuvent comporter à la place d'un verbe conjugué un participe présent. On distingue alors deux cas :

- La proposition principale et la proposition subordonnée ont le même sujet.

<u>Des hommes</u> hurlant dans des porte-voix s'avançaient vers nous.
  sujet

On distingue deux noyaux verbaux :

– *s'avançaient*, dont le sujet est *des hommes* et *vers nous* le complément circonstanciel ;

– *hurlant*, qui a pour complément circonstanciel *dans des porte-voix* et pour sujet *des hommes*.

Les deux propositions qui s'organisent chacune autour d'un noyau verbal ont en commun un même élément : *des hommes*, à la fois sujet de *s'avançaient* et sujet de *hurlant*.

Cette construction équivaut à une subordonnée relative :

$$\underline{Des\ hommes},\ \underline{qui\ hurlaient}\ dans\ des\ porte\text{-}voix,\ s'avançaient\ vers\ nous.$$
sujet V

- Les deux propositions ont deux sujets différents.

$$\underline{De\ nombreuses\ personnes\ partant\ très\ tôt},\ \underline{il\ est\ sage\ d'aller\ se\ coucher}.$$
principale

La proposition *de nombreuses personnes partant très tôt* joue le rôle d'une circonstancielle de cause ; elle possède son sujet propre (contrairement à la participiale de type relatif) : *de nombreuses personnes*.

De nombreux participes présents peuvent fonctionner comme des adjectifs. Dans ce cas, ils s'accordent en genre et en nombre avec le nom qu'ils qualifient.

J'ai assisté à une conférence passionnante.

Passionnante est un adjectif verbal qui ne peut être le noyau d'une proposition participiale.

423 Proposition participiale avec gérondif

Le participe présent précédé de la préposition *en* est appelé *gérondif*.
Il équivaut à une proposition circonstancielle dont le sujet est le même que celui de la principale :

$$\underline{Tout\ \underline{en}\ \underline{mangeant}},\ \underline{elle\ l'observait}.$$
subordonnée ← sujet → principale

(= Pendant qu'elle mangeait, elle l'observait.)

On ne dit pas :

⊘ *En sautant dans le train, son sac tomba par terre.*

Le sujet (sous-entendu) de la subordonnée (*elle* ou *lui*) n'est pas le même que celui de la principale (*son sac*).

424 Proposition participiale avec participe passé

De même que le participe présent, le participe passé peut être le noyau d'une subordonnée équivalant soit à une relative, soit à une circonstancielle.

La décision prise à cette époque ne fut jamais mise en cause.

sujet ———⌐ subordonnée ———⌐

Cette phrase équivaut à une proposition subordonnée relative déterminative.

La décision qui fut prise à cette époque ne fut jamais mise en cause.

Son frugal repas à peine terminé, elle sortit.

subordonnée circonstancielle de temps   principale

(= Dès qu'elle eut terminé son frugal repas, elle sortit.)

La proposition organisée autour du participe passé *terminé* est une circonstancielle de temps.

On peut aussi trouver des participiales subordonnées circonstancielles de cause :

Éjecté de la voiture, il s'en tira indemne.

(= Comme il avait été éjecté de la voiture, il s'en tira indemne.)

425 Définitions

Certaines définitions du sujet s'appuient sur des éléments
repérables, visuels, auditifs, orthographiques ou phonétiques ;
d'autres définitions, en revanche, renvoient à des éléments
de la réalité : celui ou celle qui fait l'action, ou à une organisation
logique du discours. Ces deux façons de présenter le sujet ne se
contredisent pas, elles se complètent. Les premières soulignent
les caractères grammaticaux de la fonction sujet, alors
que les secondes en soulignent le sens. Aucune de ces définitions
prise isolément ne peut à elle seule rendre compte du complexe
statut du sujet. C'est pourquoi il est intéressant de les prendre
toutes sans en exclure aucune.

Ce qui est constant, c'est la présentation du sujet
comme un élément pris dans une relation de couple sujet/verbe.
Il y a là un point d'accord qu'il faut souligner.

QU'EST-CE QUE LE SUJET ?

426 Sujet : un élément obligatoire

Le sujet est un constituant obligatoire de la phrase. Il forme avec le verbe ce que l'on appelle la phrase simple :

Le bateau s'éloigne.

Dans les exemples suivants, on peut, autour du verbe, supprimer tous les groupes de mots sauf le sujet, tout en conservant une phrase « possible », même si la nouvelle phrase n'a plus exactement le même sens :

Le chien a mangé [sa soupe].
Louis se promène [dans la forêt, son sac à l'épaule].

Dans la plupart des cas, la suppression du sujet suffit à rendre la phrase non seulement sans signification, mais aussi « impossible » :

Ⓧ a mangé sa soupe.
Ⓧ se promène dans la forêt, son sac à l'épaule.

427 Rôle du sujet

Le groupe sujet informe celui ou celle à qui l'on parle (ou à qui l'on écrit) de ce dont on parle ; le groupe verbal indique ce que l'on dit du sujet. Le sujet commande l'accord du verbe : le verbe s'accorde en genre et en nombre avec le sujet :

Les athlètes marchaient au pas.

428 Thème et propos

Le sujet, c'est ce dont on parle, ou bien encore, de qui on parle. La phrase peut alors se découper en deux : le thème et le propos. Le propos est ce qu'on dit du sujet.

Les animaux affolés fuient devant les flammes.
      thème   propos

Pierre est parti.
thème   propos

Le ciel paraît menaçant.
thème   propos

À ses pieds d'énormes vagues viennent se briser.
 propos   thème   propos

Avec ce dernier exemple, la phrase se découpe en deux parties ;
le thème s'intercale à l'intérieur du propos.
Dans ce type de présentation, le propos regroupe le verbe et ses différents
compléments.
⟶ Verbe, paragraphe 458

REM

Le terme « thème » est employé dans le même sens que lorsqu'on dit :
Quel était le thème de ta dissertation ? C'est-à-dire : *De quoi as-tu parlé ?*

C'est l'hiver.
Voici Gaston.
C'est mon crayon.
Il y a du vent.

Dans le type de phrases ci-dessus, on parle bien de quelque chose
ou de quelqu'un : *l'hiver, Gaston, mon crayon, du vent,* mais on n'en dit rien
de particulier. On se borne à en marquer l'existence.

429 Sujet et agent de l'action
Le sujet est celui ou celle qui fait l'action.

Lison court dans le jardin.
Dans un silence de mort, le président annonça sa démission.
On m'a offert un cadeau pour mon anniversaire.

Les sujets animés sont agents de l'action.

Des phrases comme :

Le chien aboie dans le jardin.
Paul tombe en courant.

ne posent pas de problèmes. Le terme qui a la fonction sujet est
un être animé qui effectue réellement une action évoquée par le verbe.

430 Sujet et sens des verbes

Pierre <u>reçoit</u> un coup de main.
La pomme <u>tombe</u> par terre.
Cette femme <u>possède</u> une fortune considérable.

Dans ces exemples, *la pomme*, sujet inanimé, n'effectue pas d'action ; *Pierre* subit plus qu'il n'agit, même si la construction du verbe est à la forme active.

431 Sujet de verbes abstraits

De même, il est difficile de parler d'action pour des phrases comme :

Ma mère <u>pense</u> à tout.
Les villageois <u>craignaient</u> l'arrivée de nouveaux estivants.

Les verbes *craindre, penser, détester*, etc., n'évoquent pas véritablement une action dont on se représente concrètement le déroulement.

432 Sujet des verbes d'état

<u>Il</u> paraît plus grand que son frère.
<u>Antoine</u> est un chic type.
<u>Catherine</u> devenait chaque jour plus savante.

Dans ces exemples, les verbes utilisés n'évoquent pas une action, même si le sujet est animé ; ils sont appelés *verbes d'état (être, sembler, devenir…)*.

433 Sujet de verbes impersonnels : sujet grammatical et sujet réel

Hier <u>il</u> pleuvait, aujourd'hui <u>il</u> neige.

Ici encore, il est difficile de dire que le sujet fait l'action. Le sujet *il* ne renvoie à aucun agent dans la réalité. On peut parler dans ce cas de *verbes impersonnels* (qui ne se conjuguent qu'à la troisième personne).
Un grand nombre de verbes intransitifs (⟶ paragraphe 114) et de verbes pronominaux peuvent être construits impersonnellement.

Apparemment, <u>il</u> manquerait <u>de l'argent</u> dans la caisse.
            sujet grammatical   sujet logique

De nos jours, <u>il</u> se vend <u>des quantités de fruits frais</u>.
            sujet grammatical   sujet logique

Dans ces exemples, *il* est le sujet grammatical (ou apparent) ;
des quantités de fruits frais et *de l'argent* sont des sujets logiques (ou réels).

434 Place du sujet dans une phrase déclarative

Le sujet est le mot (ou le groupe de mots) qui se trouve « à gauche » du verbe, avant le verbe.

Jean voit Paule.

Paule voit Jean.

Cécile prit tendrement l'enfant par la main.

L'enfant prit tendrement Cécile par la main.

Si on déplace *Paule* « à gauche » du verbe, c'est *Paule* qui devient sujet. Dans certains cas, on arrive à un non-sens :

Les enfants ont ramassé les champignons.

⑦ *Les champignons ont ramassé les enfants.*

Même si la phrase évoque une réalité peu vraisemblable, le sujet est le mot (ou le groupe de mots) qui se trouve « à gauche » du verbe ; ici, *les champignons*.

Le sujet peut être séparé du verbe.

Dominique, de ses propres mains, a fabriqué un avion.

Bien que situé juste avant le verbe, *mains* n'est bien sûr pas le sujet. On peut déplacer le groupe de mots *de ses propres mains* sans modifier le sens de la phrase.

Dominique a fabriqué un avion, de ses propres mains.

La phrase devient « impossible » si l'on déplace le sujet *Dominique* à droite du verbe.

⑦ *De ses propres mains a fabriqué Dominique un avion.*

Dominique est bien le seul élément qu'il faille absolument placer « à gauche » du verbe.

435 Inversion du sujet dans une phrase interrogative

Bien que le sujet soit le plus fréquemment situé « à gauche » du verbe, cette définition n'est cependant pas applicable dans tous les cas.

Il y a de nombreux cas d'inversion du sujet. Le sujet se trouve alors « à droite » du verbe, sans pour autant perdre sa fonction de sujet. L'inversion du sujet est utilisée pour exprimer l'interrogation.

Nous irons à la plage. → *Irons-nous à la plage ?*
Tu as compris. → *As-tu compris ?*

Si le sujet est un nom, celui-ci reste à sa place, et il est repris « à droite » du verbe par un pronom personnel de même personne.

Diane mange sa soupe. → *Diane mange-t-elle sa soupe ?*
⑩ *Mange Diane sa soupe ?*

436 Inversion du sujet et insistance sur le sujet

L'inversion du sujet permet un effet de style. Elle est facultative et ne change pas le sens général de la phrase.

Le renvoi du sujet « à droite » du verbe étant moins fréquent que l'ordre traditionnel (sujet-verbe-objet), l'inversion du sujet attire l'attention sur la façon de dire autant que sur ce que l'on a à dire. Ce type de construction se rencontre plutôt dans un registre soutenu et est plus fréquent à l'écrit qu'à l'oral.

Les sommes que ces travaux ont coûté sont considérables.
Les sommes qu'ont coûté ces travaux sont considérables.

Quand les outardes passeront, il fera froid.
Quand passeront les outardes, il fera froid.

Sous le pont Mirabeau la Seine coule.
Sous le pont Mirabeau coule la Seine.

437 Cas d'inversion obligatoire

L'inversion du sujet et du verbe s'impose lorsqu'on utilise des verbes tels que *dire, penser, remarquer, s'exclamer*, etc., dans des propositions incises.

Ce procédé renvoie à des situations de dialogue ; il permet de spécifier celui ou celle qui vient de parler. Ne pas le pratiquer ne change pas le sens de la phrase, mais rend celle-ci « bizarre ».

Tu es encore en retard, lui dis-je.
⊘ *Tu es encore en retard, je lui dis.*

REM On rencontre à l'oral, dans un registre familier, la construction sans inversion, surtout lorsque le sujet est un pronom personnel :

T'es encore en retard, j'y dis.
Sors de là, y me dit.

La présence du subjonctif marquant un *souhait* rend l'inversion obligatoire :

Fasse le ciel !
Puissiez-vous réussir !

Si l'on n'inversait pas, il faudrait compléter la phrase :

Le ciel fasse que vous ayez raison !
J'aimerais que vous puissiez réussir !

L'inversion est obligatoire avec certains adverbes :

Il voulait parler à son père seul à seul. Aussi me dit-il de sortir.
Elle avait raté son train. Ainsi arriva-t-elle la dernière à l'école.

ou dans les énoncés administratifs :

Sont définitivement admis les candidats dont les noms suivent…
Doivent se présenter à 9 heures, à la porte E, les voyageurs munis d'un ticket.

438 Limites de l'inversion du sujet

Quel que soit l'usage que l'on fait de l'inversion, elle n'est possible qu'à condition que l'identification du sujet soit sans ambiguïté.

Trois cas permettent de conserver l'identité du sujet quelle que soit sa place.

- Il n'y a pas concurrence entre plusieurs mots qui pourraient, par leur nature et par leur sens, jouer le rôle de sujet :

Sous le pont Jacques-Cartier coule le Saint-Laurent.
Sous le pont Jacques-Cartier mange un clochard.

Dans ces deux exemples, que le verbe soit intransitif *(coule)* ou transitif *(mange)* (→ paragraphe ||4), il est utilisé sans complément d'objet. Dans ce cas, seul le nom qui accompagne le verbe peut être sujet.

En revanche, il n'est pas possible d'inverser le sujet dans les phrases suivantes :

Sur la route de Berthier, <u>les trois enfants</u> rencontrèrent les policiers.

Enfants et *policiers* pourraient être tous les deux sujets du verbe *rencontrer*.

<u>Catherine</u> regardait l'homme qui s'avançait silencieusement.

Catherine et *l'homme* peuvent tous les deux effectuer l'action de regarder.

• Le sujet est un pronom sujet, qui a une forme spécifique en fonction de sujet et ne peut être que sujet.
Si l'on peut dire :

<u>Elle</u> mange.
Mange-t-<u>elle</u> ?

et non :

<u>Pierrette</u> mange.
⑦ *Mange Pierrette ?*

c'est que les pronoms personnels *je, tu, il, elle,* etc., ne peuvent être que sujet, alors que les pronoms *me, te, le, la,* etc., ne peuvent jamais être sujet.
Un nom, lui, peut assurer la fonction sujet aussi bien qu'une autre fonction.

• Le COD est un pronom COD, qui a une forme spécifique en fonction de COD et ne peut être que COD.

La montre que m'a donnée Alain est cassée.

La présence de *que* spécifie *montre* comme complément d'objet ;
Alain ne peut alors être que sujet même s'il est à droite du verbe *donner*.

439 Sujet d'un verbe à l'impératif

À l'impératif, le sujet n'est pas exprimé, il est contenu dans le verbe :

<u>Cécile</u> lance la balle.
Lance la balle !
<u>Nous</u> marchons rapidement.
Marchons rapidement !

En fait, c'est parce que l'on interprète *lance* non plus comme un indicatif mais comme un impératif, que la deuxième phrase est possible.

Il se trouve que beaucoup de verbes, ayant la même prononciation et la même orthographe à l'indicatif présent et à l'impératif, entretiennent l'illusion d'une suppression possible du sujet.
Il suffit, pour s'en convaincre, d'utiliser un autre temps que le présent de l'indicatif :

Cécile lancera la balle. — ⊘ Lancera la balle.
Nous avons marché rapidement. — ⊘ Avons marché rapidement.

440 Sujet des propositions infinitives et participiales

Dans les propositions infinitives et participiales (→ Propositions subordonnées, paragraphes 419 à 424), on peut se poser la question de savoir s'il existe ou non un sujet.

Je regardais, par la fenêtre, les enfants jouer au ballon.

    sujet   infinitif

COD

Dans cette phrase, *les enfants* est bien le complément d'objet direct du verbe *regardais* ; mais ce sont aussi *les enfants* qui font l'action de jouer. Doit-on dire alors que *les enfants* est à la fois complément d'objet du verbe *regardais* et sujet de l'infinitif *jouer* ? Du point de vue du sens de la phrase, c'est une analyse tout à fait logique.

On peut aussi considérer *les enfants jouer au ballon* comme un groupe que l'on ne dissocie pas et qui est en bloc complément d'objet direct du verbe *regardais*.
On peut faire le même raisonnement avec une proposition participiale.

Jean ramassa gentiment l'oiseau tombé du nid.

    sujet   participe

COD

C'est, dans ces cas, remettre en question l'existence même des propositions infinitives et participiales.

NATURE DU SUJET

441 Nom sujet

Le sujet peut être un nom seul. C'est le cas des noms propres.
Mais il peut s'agir très souvent d'un groupe nominal.
→ paragraphes 244 à 253

Pierre court dans la forêt.
Les enfants de l'école jouent dans la cour.
Celles qui ont un vélo pourront partir.

Lorsqu'un verbe évoque une action *(marcher, voler, dormir...)*,
son sujet est le plus souvent un nom qui réfère à un être animé.

Le lapin détale.
L'oiseau vole.
L'enfant court.

Mais les noms renvoyant à des objets ou à des notions abstraites peuvent
occuper la fonction sujet.

La tristesse envahit son regard.
La pierre roula au bas de la pente.

Dans la langue familière, la fonction sujet est souvent assurée par un nom
doublé d'un pronom personnel ou par deux pronoms personnels.

Mon papa, il a un vélo.
Ma mère, elle est venue.
Moi, je m'en vais.

442 Pronom sujet

Un pronom peut être sujet.
Pronom personnel :

Il court.
Nous avons mangé.

Pronom démonstratif :

Celui-ci n'est pas cher.

Pronom possessif :

Le mien est cassé.

Pronom indéfini :

Certains pleuraient, d'autres riaient.

Pronom relatif :

Les singes qui grimpent aux arbres font rire les enfants.

443 Infinitif sujet

Un infinitif peut être sujet.

Travailler fatigue.
(= Le travail fatigue.)

REM Il faut remarquer que l'infinitif est la forme du verbe qui peut se comporter comme un nom.

444 Proposition sujet

Une proposition peut être sujet.

Qu'ils arrivent en retard serait déplaisant.
(= Leur retard serait déplaisant.)

Qu'il fasse beau ou non nous importe peu.
(= Le climat nous importe peu.)

IDENTIFICATION DU SUJET

445 Identification par déplacement.

→ **Manipulations, paragraphes 267 à 269**

Si, dans une construction de type sujet-verbe-objet, on inverse la place des mots ou groupes de mots qui sont « à droite » et « à gauche » du verbe, on permute les fonctions sujet et complément d'objet.

Le capitaine réussit à jeter le voleur à terre.

Le voleur réussit à jeter le capitaine à terre.

Parfois, en raison du sens particulier du verbe utilisé, le sens de la phrase peut ne pas changer beaucoup :

Vanessa aperçut le chien au détour du chemin.

Le chien aperçut Vanessa au détour du chemin.

ou aboutir à un non-sens :

Pierre a mangé le chocolat.

⊘ *Le chocolat a mangé Pierre.*

ou bien encore entraîner un changement de sens de certains mots :

La voiture brûle le feu.

Le feu brûle la voiture.

Il est intéressant de noter que, le plus souvent, le sujet est accompagné d'un article défini ou démonstratif alors que l'objet est accompagné d'un article indéfini. Cette distribution des articles rend parfois difficile la permutation sujet-objet :

Le cavalier vit un homme s'enfuir à toute vitesse.
Un homme vit le cavalier s'enfuir à toute vitesse.

Le second type de phrase est moins fréquent.

446 Identification par *c'est... qui*

On peut identifier le sujet en l'encadrant par *c'est... qui.*
Ainsi, dans la phrase :

Le maire du village a inauguré le centre sportif.
sujet

on mettra en évidence le groupe nominal sujet :

C'est le maire du village qui a inauguré le centre sportif.
sujet

REM

Si l'on avait voulu identifier le GN complément d'objet direct, on aurait utilisé *c'est... que.*

C'est le centre sportif que le maire a inauguré.
COD

447 Accord du sujet avec un verbe conjugué

C'est le sujet qui commande l'accord du verbe, c'est lui qui permet d'orthographier correctement le verbe.

Il faut penser en particulier à écrire -s à la fin du verbe si le sujet est *tu* (2ᵉ personne du singulier) et -*nt* si le sujet est au pluriel (3ᵉ personne du pluriel).

Tu mets ton manteau.
Nadia met son manteau.
Les enfants mettent leur manteau.

Les terminaisons de la troisième personne du pluriel ne se distinguent pas toujours à l'oral.

Le chien aboie tous les matins.
Les chiens aboient tous les matins.

Il était fatigué : le bébé avait pleuré toute la nuit.
Il était fatigué : les jumeaux avaient pleuré toute la nuit.

448 Accord du sujet avec le participe passé

C'est aussi le sujet qui commande l'accord du participe passé, mais seulement lorsque le participe passé est employé avec *être*.
⟶ Accord, paragraphe 15

Les enfants sont montés au grenier.
Les enfants ont monté leurs jouets au grenier.

449 Accord avec un sujet éloigné du verbe ou inversé

Les amis dont je t'avais parlé la semaine dernière, au moment où tu pensais partir en voyage avec ta tante, n'habitent plus à Hull.
Le feu les brûle.
Ils achètent du pain et le mangent.
Je voudrais savoir quand passent les coureurs.

450 Accord de plusieurs sujets singuliers avec un seul verbe
Jacques et Jeanne chant<u>ent</u> ensemble.

451 Accord d'un seul sujet avec plusieurs verbes
Les invités arriv<u>ent</u>, s'install<u>ent</u> et commenc<u>ent</u> à manger.

452 Accord de *on* avec le verbe
<u>On</u> était ravi<u>s</u> qu'il soit reçu.
<u>On</u> est toujours rav<u>i</u> d'avoir de l'argent.

Lorsque *on* signifie *nous*, l'attribut s'accorde en genre et en nombre
avec les personnes ou les objets représentés.
Lorsque *on* signifie *tout le monde, n'importe qui*, le verbe reste invariable
(3ᵉ pers. sing.) et l'attribut ne s'accorde pas.

453 Accord d'un sujet collectif avec le verbe
Lorsque le groupe nominal sujet représente un ensemble de personnes
ou d'objets, le verbe se met soit au singulier (si l'on veut souligner
qu'il s'agit d'un seul et même ensemble), soit au pluriel (si l'on insiste
sur tous les éléments qui constituent cet ensemble).

<u>Un groupe d'enfants</u> se mit (se mirent) à hurler.
*<u>Une foule de visiteurs</u> se précipitèrent (se précipita) dès l'ouverture
des portes.*

VERBE

V

IDENTIFICATION ET RÔLE DES VERBES

454 Définition du verbe

Le verbe est l'élément essentiel de la phrase : c'est lui qui en assure l'homogénéité car c'est à lui que se rattachent les différents groupes compléments. En portant les marques de temps et de mode, il permet à celui ou celle qui parlent ou écrivent de situer dans le temps, par rapport au moment où ils s'expriment, les événements qu'ils évoquent. Si la plupart des verbes désignent des actions, certains permettent de manifester des sentiments, des sensations. Le propre d'un verbe est d'évoquer un processus, c'est-à-dire un déroulement dont on peut identifier le début et la fin.

455 Verbe noyau de la phrase

On appelle *verbes* l'ensemble des mots qui peuvent constituer le noyau des phrases.

C'est autour de ce noyau que les autres éléments de la phrase s'articulent ; c'est par rapport au verbe qu'ils marquent leur fonction :

Tous les jours, l'homme <u>achetait</u> le journal au coin de sa rue.

• Analyse

Les mots qui constituent une phrase sont tous en relation directe ou indirecte avec le verbe. C'est donc autour du verbe et à partir de lui que se constitue la phrase.

Hier, la sœur de Pierre a gagné un superbe vélo bleu au concours de balle molle.

GROUPES DE MOTS ANALYSÉS	VERBE	QUESTION POSÉE	FONCTION
Hier	*a gagné*	Quand la sœur de Pierre a-t-elle gagné un vélo ?	Complément circonstanciel de temps
la <u>sœur</u> de Pierre	*a gagné*	Qui... ?	Sujet
un superbe <u>vélo bleu</u>	*a gagné*	... Quoi ?	Complément d'objet direct
au <u>concours</u> de balle molle	*a gagné*	Où... ? Quand... ? De quelle manière ?	Complément circonstanciel de lieu – de temps – de manière

Les quatre groupes de mots marquent chacun leur fonction par rapport au verbe de la phrase *(a gagné)*. Chacun des termes soulignés est en relation directe avec le verbe. Les autres éléments des groupes ne sont qu'indirectement en rapport avec le verbe.

456 Classe grammaticale des verbes

Les verbes constituent une *classe* (ou catégorie) *grammaticale*.

Le maire	*a acheté* *a rénové* *a fait bâtir*	*cette maison blanche.*

Tous les éléments qui peuvent se substituer à *a acheté* appartiennent à une seule et même classe : celle des verbes.

Le français est une langue dans laquelle l'ensemble des mots qui constituent la *classe des verbes* est spécialisé dans la fonction de *noyau* : ils ne peuvent servir qu'à cela et sont les seuls à pouvoir assurer par eux-mêmes cette fonction. Ils s'opposent, en cela, à tous les autres mots de la langue et notamment aux noms, qui assurent d'autres fonctions (sujet, complément). Cette opposition est appelée *verbo-nominale*.

457 Conjugaison des verbes

Les verbes reçoivent des marques qui leur sont particulières et que l'on appelle *désinences, terminaisons* ou parfois *modalités*. Les marques servent à indiquer la personne, le temps, l'aspect et le mode. L'ensemble de ces combinaisons constitue les *conjugaisons* :

Je lui promis qu'on se reverrait bientôt.

• Temps, aspect, mode, personne

Nous jouerons dans la même équipe l'année prochaine.
Nous jouions aux dés quand elle est arrivée.
S'il était disponible, vous pourriez aller au cinéma.

EXEMPLES	MODE	TEMPS/ASPECT	PERSONNE
jouerons	Indicatif	Futur	1re pluriel
jouions	Indicatif	Imparfait	1re pluriel
était	Indicatif	Imparfait	3e singulier
pourriez	Conditionnel	Présent	2e pluriel

• Négation

Ils n'habitaient pas ici à cette époque.

Le verbe *habitaient* est encadré par la négation *n'... pas* qui modifie directement son sens. Il est le seul élément de la phrase susceptible de la recevoir.

REM

Les notions de temps peuvent être exprimées par d'autres mots que les verbes : adverbes *(hier, demain)*, groupes nominaux *(la nuit, la semaine passée)*. La négation peut également être marquée à l'intérieur d'un groupe nominal *(un non-voyant)*.

458 Verbe et propos

Lorsqu'on découpe une phrase en deux parties : *thème* (ce dont on parle) et *propos* (ce que l'on en dit) (→ Sujet, paragraphe 428), le verbe appartient au propos :

Le jardinier du parc soignait ses roses avec amour.
      thème   propos

• Analyse

L'équipe de Verdun a gagné le Grand Chelem en 1997.

La phrase précédente se décompose de la façon suivante :
Thème : *L'équipe de Verdun* (ce dont on parle).
Propos : *a gagné le Grand Chelem en 1997* (ce que l'on en dit).
Le verbe *a gagné* fait partie du groupe propos, et non pas du groupe thème.

De son chapeau l'homme fit sortir un lapin.
  propos   thème   propos
Dans cette phrase, le propos encadre le groupe thème ; le verbe *fit sortir* fait partie du propos.

459 Visualisation du *thème* et du *propos* dans une phrase

460 Représentation en arbre du groupe verbal

La représentation en arbre permet aussi de situer le verbe à l'intérieur du groupe verbal.

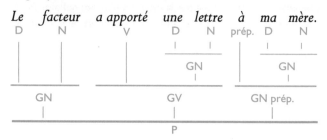

461 Verbe et action

La plupart des verbes expriment des *actions (courir, manger, dormir, danser…)*.

Au premier coup de fusil, les canards s'envolèrent.
Au beau milieu de l'histoire, l'enfant s'endormit.

D'autres, moins nombreux, décrivent une *attitude*, un *état (souffrir, craindre, aimer, posséder…)*.

Ce qu'il <u>avait</u> toujours <u>détesté</u> chez elle, c'était son arrogance.
Les cultivateurs <u>appréhendent</u> le retour de la sécheresse.

On ne peut pas dire que les cultivateurs font l'action d'appréhender, mais plutôt qu'ils ont une attitude d'appréhension.

Certains verbes, *boire* par exemple, qui expriment une action :

Il faisait une telle chaleur qu'il <u>but</u> toute la bouteille d'un trait.

peuvent parfois indiquer aussi une qualité, un état :

Cet homme <u>boit</u>. (= Cet homme est un alcoolique.)

On parle alors de *construction absolue* : le verbe transitif, construit sans complément d'objet ni compléments circonstanciels, voit son sens modifié.

Le verbe n'est pas le seul élément capable de décrire une action en cours :

Je me <u>rappelle</u> l'<u>entrée</u> des athlètes dans le stade.

Entrée, qui est un nom, évoque une action dont *athlètes* est l'agent.

CONJUGAISON DU VERBE

462 Définition

L'ensemble des formes que peut prendre un verbe s'appelle sa *conjugaison*.
Les conjugaisons des verbes français se classent en trois groupes
qui se caractérisent chacun par la forme de leur infinitif et de leurs
désinences ou terminaisons (cf. Bescherelle. *L'Art de conjuguer*).

463 Tableau des trois groupes de verbes

	1er GROUPE *Aimer*	2e GROUPE *Finir*	3e GROUPE *Sortir, croire, descendre*
Infinitif	-er	-ir	Variations irrégulières du radical et des désinences
Indicatif présent	3e pers. sing. : -e *Il aime*	3e pers. sing. : -it *Elle finit*	
Futur	3e pers. sing. : -era *Elle aimera*	3e pers. sing. : -ra *Il finira*	
Passé simple	3e pers. sing. : -a *Il aima*	3e pers. sing. : -it *Elle finit*	
Subjonctif présent	3e pers. sing. identique à l'indic. présent *Qu'elle aime*		
Participe passé	en -é *Il a aimé*	en -i *on a fini*	
Variation radical		-iss *Elles finissent* (≠ mourir, ils meurent)	

Lorsqu'on veut fabriquer un nouveau verbe pour rendre compte d'une notion
nouvelle, on utilisera généralement le modèle du premier groupe (type *aimer*) :
magnétoscoper, téléviser.
Parfois, de façon beaucoup plus rare, on emploiera le modèle du deuxième
groupe : *alunir* ; en aucun cas les verbes nouveaux ne se forment sur le modèle
du troisième groupe ; ce groupe est dit conjugaison morte.

464 Radical et terminaison

Le verbe se compose de deux parties : un *radical* et une *terminaison* ou *désinence*. Le radical porte le sens du verbe.

La terminaison ou désinence indique la personne (1re, 2e ou 3e du singulier ou du pluriel), le temps, l'aspect et le mode.

Nous chantions.

- *chant* : radical : il s'agit de l'action de chanter, et non pas de celle de jouer ou de courir.
- *ions* : terminaison : *-ons* indique que le verbe est à la 1re personne du pluriel (*-ons* est lié au pronom personnel *nous*) ;
  i indique que le verbe est à l'imparfait de l'indicatif.

Il   a   chant   é.
désinence radical désinence

chant est le radical ; la désinence *a... é* se trouve de part et d'autre du radical : elle indique la personne (3e singulier) et le temps (passé composé).

465 Temps des verbes : définition

Les marques du temps situent l'événement dont on parle par rapport au moment où l'on parle.

466 Temps du passé

Il y a dix ans on allait en vacances chez ma grand-mère.

La marque *-ait* indique que l'événement évoqué (aller chez la grand-mère) se situe *avant* le moment où la phrase est prononcée (il y a dix ans).
Dans cet exemple, la marque du passé *-ait* est renforcée par l'expression *il y a dix ans*.

On allait toujours en vacances chez ma grand-mère.

moment où l'on parle

événement intervalle
évoqué de temps
par la phrase

Ici, seul le verbe porte la marque du passé *-ait*.

467 Temps du présent

Repassez tout à l'heure, pour l'instant il <u>dort</u>.

La forme du verbe *dort* indique que l'action de dormir est effectuée au moment où la phrase est prononcée.
On pourrait souligner cela en utilisant l'expression *en train de*.

Il <u>est en train</u> de dormir.

Notons que la « forme présent » du verbe peut être utilisée pour raconter un événement passé ou pour annoncer un événement à venir :

Hier, <u>j'arrive</u>, je le <u>trouve</u> allongé par terre.
Demain, je <u>prends</u> l'avion à 12 h 30.

468 Temps du futur

Je t'<u>achèterai</u> un beau vélo neuf pour ton anniversaire.

La marque *-erai* indique que l'événement évoqué (acheter un vélo) se situe *après* le moment où la phrase est prononcée.

Je t'<u>achèterai</u> un beau vélo neuf pour ton anniversaire.

469 Aspect : définition

Les marques d'aspect sont, en français, presque toujours les mêmes que les marques de temps. Elles indiquent que l'événement que l'on évoque est étroitement lié au moment où l'on parle ;
on ne peut véritablement comprendre la phrase que dans la situation où elle est prononcée.

470 Aspect accompli

Tiens, je t'ai fait un beau dessin !

Celui à qui l'on s'adresse écoute la phrase prononcée et en même temps voit le dessin qui a été réalisé. La présence de *Tiens* l'indique.

Il ne serait pas possible, dans une telle phrase, d'utiliser le passé simple (même si c'est un temps qui marque le passé au même titre que peut le faire le passé composé employé dans l'exemple) :

⑫ *Tiens, je te fis un dessin.*

La marque du passé composé est ici une marque d'*aspect accompli* ; elle indique que l'événement est achevé, mais qu'il ne faut pas le séparer du moment où l'on parle.

471 Aspect prospectif

Salut ! Je vais acheter le pain.

Dans cette phrase, l'action d'*acheter le pain* n'est pas située dans le temps futur, à distance de la situation où l'on se trouve, mais au contraire liée au moment où l'on parle (cf. *Salut !*). Dans une phrase de ce type, il est impossible d'utiliser une marque de futur, seul le futur périphrastique est utilisable.

⑫ *Salut ! J'irai acheter le pain* est impossible.

La marque *vais … er* est ici une marque d'aspect prospectif : elle indique un projet, une décision que l'on présente à l'intérieur de la situation où l'on se trouve.

472 Modes personnels et impersonnels

Les modes sont au nombre de sept ; l'indicatif, le subjonctif, l'impératif et le conditionnel se conjuguent : ce sont des *modes personnels*.
L'infinitif, le participe et le gérondif sont des *modes impersonnels* : ils ne se conjuguent pas.

473 Emploi des modes indicatif et subjonctif

Le *subjonctif* s'emploie surtout dans les *subordonnées*.

Dans les *complétives*, c'est le verbe de la principale qui détermine l'utilisation de l'indicatif ou du subjonctif :

Je veux que tu viennes.   *J'apprends que vous venez.*
        ⌞⟶ subjonctif   ⌞⟶ indicatif

Certaines *subordonnées circonstancielles* exigent le *subjonctif* (but, opposition, etc.). ⟶ Propositions subordonnées, paragraphe 408

J'ai insisté pour qu'il aille chez la spécialiste.
                subjonctif (but)

Elle pleure parce qu'elle est partie.
            indicatif (cause)

Dans certains cas, notamment dans les *propositions relatives*, selon le sens que l'on veut donner à la phrase, on choisira l'indicatif ou le subjonctif.

Je cherche un cheval qui ait une queue blanche.
                    subjonctif
(Je ne sais pas si ce cheval existe, mais c'est un cheval comme ça que je veux.)

Je cherche un cheval qui a une queue blanche.
                    indicatif
(Je sais qu'il existe, je veux le retrouver.)

474 Emploi du conditionnel

C'est le mode utilisé lorsque celui qui parle envisage ce qu'il dit comme simplement possible, comme *éventuel*. Il est souvent précédé d'une subordonnée circonstancielle de condition. ⟶ Propositions subordonnées, paragraphes 413 à 416. C'est pourquoi on l'appelle *mode conditionnel*.

Si j'avais de l'argent, j'achèterais une maison.
subord. circ. de condition   conditionnel

REM   On ne dit jamais : ⊗ *Si j'aurais de l'argent, j'achèterais une maison.*

Le verbe de la subordonnée circonstancielle de condition ne peut se mettre au conditionnel. Le mode conditionnel peut aussi apparaître seul pour exprimer un événement possible ou un souhait poli.

Le prix de l'essence baisserait prochainement.
(Il paraît, j'ai entendu dire…)

J'aimerais parler à Madame la directrice.
(… Si c'était possible…)

475 Emploi de l'impératif

C'est le mode qui exprime l'ordre ou la défense.

Montez à bord ! Ne descendez pas !

Il ne se conjugue qu'à trois personnes : 2ᵉ personne du singulier, Iʳᵉ et 2ᵉ personnes du pluriel.

Il se caractérise par l'absence de pronom personnel sujet.

Pars ! Partons ! Partez !

476 Emploi de l'infinitif

L'infinitif est une forme particulière qui permet au verbe d'avoir d'autres fonctions que celle de noyau de la phrase. Il peut être :
– Sujet

Marcher me fatigue.

– COD

Je déteste manger.

– Attribut

Reprendre, c'est voler.

– Complément du nom

La fureur de vivre.

Dans tous les exemples suivants, l'infinitif peut avoir tous les compléments possibles du verbe :
• Infinitif + COD

Je déteste manger des haricots.
          infinitif   COD

• Infinitif + CC lieu

Marcher sur le sable me fatigue.
  infinitif   CC

• Infinitif + CC manière

Elle connaissait enfin le bonheur de vivre intensément.
                        infinitif   CC manière

En conclusion, on peut dire que le mode infinitif permet au verbe d'assurer l'ensemble des fonctions du nom, tout en conservant la possibilité de recevoir des compléments de verbe. → paragraphe 90

REM L'infinitif, au contraire du verbe conjugué, n'a généralement pas de sujet. Pour la transformation infinitive des subordonnées complétives et circonstancielles, → Propositions subordonnées, paragraphes 419 à 421

477 Emploi du participe
On distingue le participe *présent* et le participe *passé*.

• Le participe présent est l'équivalent :
   – d'une proposition relative (→ *ibid.*, paragraphes 422 à 423)

   Les personnes ayant un billet peuvent entrer.
   (= Les personnes qui ont…)

   – d'une proposition subordonnée circonstancielle (→ *ibid.*)

   Les invités, ayant terminé de manger, se levèrent.
   (= Les invités, une fois qu'ils eurent terminé…)

• Le participe passé est l'équivalent :
   – d'une proposition relative (→ *ibid.*, paragraphe 424)

   Le feu, attisé par le vent, gagna la maison.
   (= Le feu qui était attisé…)

   – d'une subordonnée circonstancielle (→ *ibid.*)

   Le repas achevé, on passa au salon.
   (= Quand le repas fut achevé…)

   – d'un adjectif

   C'est une enfant bien élevée.

478 Emploi du gérondif
Il est formé par le participe présent précédé de la préposition *en* ; il a la valeur d'un complément circonstanciel.

En rentrant, il trouva sa porte enfoncée.
(= À son retour…)

Il partit en chantant joyeusement.

479 Tableau récapitulatif des temps et des modes

MODES	TEMPS SIMPLES		TEMPS COMPOSÉS
INDICATIF	Présent *je chante* Passé simple *je chantai* Imparfait *je chantais* Futur simple *je chanterai*	→ → → →	Passé composé *j'ai chanté* Passé antérieur *j'eus chanté* Plus-que-parfait *j'avais chanté* Futur antérieur *j'aurai chanté*
CONDITIONNEL	Présent *je chanterais*	→	Passé I *j'aurais chanté* Passé 2 *j'eusse chanté*
SUBJONCTIF	Présent *que je chante* Imparfait *que je chantasse*	→	Passé *que j'aie chanté* Plus-que-parfait *que j'eusse chanté*
IMPÉRATIF	Présent *chante!*	→	Passé *aie chanté!*
INFINITIF	Présent *chanter*	→	Passé *avoir chanté*
PARTICIPE	Présent *chantant*	→	Passé *chanté*
GÉRONDIF	Présent *en chantant*	→	Passé *en ayant chanté*

REM À chaque temps simple correspond un temps composé : *je chante* → *j'ai chanté...*

IDENTIFICATION DU VERBE

480 Critères d'identification

Il est important de savoir identifier le verbe dans une phrase.

Quatre types de critères permettent de le reconnaître :
– les critères formels : il se conjugue ;
– le critère de combinaison : il n'est pas précédé de déterminants mais souvent de pronoms personnels ;

– le critère de sens : il évoque souvent une action ;
– le critère de fonction : il est le noyau de la phrase, point de rattachement des compléments.

481   Procédure de réduction avec un verbe d'action

Le verbe est le *noyau* du groupe verbal ; c'est le seul élément que l'on ne peut enlever sans faire disparaître le groupe verbal tout entier. En d'autres termes, si le *thème* est ce dont on parle et le *propos* ce que l'on dit du sujet, le verbe est l'élément indispensable à l'existence du propos.

Si l'on supprime le verbe, on ne peut plus rien dire du sujet.

Les soldats mangeaient de la soupe avec les prisonniers.
 thème   propos

On peut supprimer le COD :

Les soldats mangeaient avec les prisonniers.
 thème   propos

On peut supprimer le CC :

Les soldats mangeaient de la soupe.
 thème   propos

On peut supprimer les deux compléments :

Les soldats mangeaient.
 thème   propos

Mais on ne peut supprimer le verbe :

⑱ *Les soldats mangeaient de la soupe avec les prisonniers.*

482   Procédure de réduction avec un verbe d'état *(être...)*

Marie était élégante avec sa robe jaune et bleu.

On peut supprimer le complément prépositionnel :

Marie était élégante.

Mais on ne peut supprimer *était* :

⑱ *Marie était élégante avec sa robe jaune et bleu.*

On ne peut supprimer *élégante* :

⑱ *Marie était élégante avec sa robe jaune et bleu.*

Le *noyau* du groupe verbal est ici le groupe *était élégante* qui est constitué d'une *copule*, *était*, qui porte les marques de temps, de personne et de mode, et de l'adjectif attribut *élégante*. Ce groupe est indissociable, non réductible. Il joue le même rôle que le verbe. Cette construction est également commune aux verbes dits d'état *(sembler, devenir, avoir l'air…)* :

À cette époque, le jardin me <u>paraissait</u> <u>immense</u>.

483 Formes conjuguées du verbe

Le verbe est le seul élément de la phrase qui se conjugue ; c'est le seul élément à pouvoir porter les marques de temps, d'aspect et de mode, le seul à changer de forme en fonction de la personne :

Vous mang<u>erez</u> le gâteau ce soir.
Nous mang<u>eons</u>.

484 Verbe et négation

Le verbe est le seul élément qui porte la négation : c'est le seul élément de la phrase qui puisse être encadré par la négation *ne… pas, ne… point, ne… plus, ne… guère, ne… jamais.*

Les enfants <u>ne</u> <u>disaient</u> <u>pas</u> un mot.
            verbe

Cette femme <u>ne</u> <u>parle</u> <u>guère</u>.
              verbe

Il <u>ne</u> nous ennuiera <u>plus</u>.
     verbe

Lorsque le noyau est constitué d'une copule et d'un attribut, la négation encadre la copule.

Elle <u>n'est</u> vraiment <u>pas</u> <u>confortable</u>.
       copule   attribut

On pourra donc reconnaître le verbe en mettant la phrase à la forme négative et en constatant quel est l'élément qui porte la négation.

Dans la langue orale relâchée, la négation *ne… pas* est souvent réduite à *pas*.

J'aime <u>pas</u> les petits pois.

485 Noyau de la phrase

Le verbe apparaît comme l'élément autour duquel s'organise la phrase ;
il constitue le *noyau* de la phrase.

On peut donc l'identifier en cherchant, dans la phrase, à quel élément
se rapportent les groupes nominaux, c'est-à-dire par rapport à quel mot
ils marquent leur fonction.

486 Verbes transitifs et intransitifs

Tous les verbes n'ont pas la possibilité d'avoir les mêmes compléments.
Les verbes comme *rencontrer, attraper* sont des verbes transitifs
qui exigent un COD.

→ Complément d'objet direct, paragraphe 114

Le loup rencontra l'agneau au bord de l'eau.
  thème   propos

On peut supprimer le complément circonstanciel :

Le loup rencontra l'agneau.
  thème   propos

On ne peut pas supprimer le COD :

Ⓧ *Le loup rencontra l'agneau au bord de l'eau.*

Certains autres verbes peuvent être construits avec ou sans COD :

Il fume un paquet de cigarettes par jour.
              COD

Il fume tous les jours après le déjeuner.
          CC temps

Les verbes comme *donner, remettre, dire*, etc. (→ Complément d'objet
second, paragraphe 166), peuvent recevoir un complément d'objet direct,
un complément d'objet second et des compléments circonstanciels.

Elle a remis sa récompense à France au pied de la tribune.
          COD   COS   CCL

Les verbes comme *courir, dormir*, etc., ne peuvent, en général, recevoir
que des compléments circonstanciels ; ce sont des verbes intransitifs.

Tous les jours, il court avec ses amis dans la forêt.
  CCT   CC accomp.   CCL

Lorsque le noyau est constitué d'une *copule* et d'un *attribut*, les compléments possibles sont en nombre extrêmement réduit ; seuls quelques compléments circonstanciels peuvent apparaître.

Elle <u>était malade</u> | *depuis longtemps* (= CC temps)
 | *à cause du climat* (= CC cause)
 | *de peur* (= CC cause)

ACCORD DU VERBE

487 Principes généraux d'accord

Le verbe s'accorde en nombre avec son sujet aux temps simples comme aux temps composés : à la 3e personne du pluriel, la terminaison est toujours en *-nt*.

Aux temps composés avec l'auxiliaire *être*, le participe passé s'accorde en genre et en nombre.

Aux temps composés avec l'auxiliaire *avoir*, le participe passé ne s'accorde en genre et en nombre que si le COD est situé avant le verbe.

488 Accord du verbe avec le sujet

Le verbe s'accorde en personne et en nombre avec son sujet.

<u>L'éléphant</u> <u>s'enfuit</u> à travers la savane.
nom — verbe
sujet sing. — 3e pers. sing.

<u>Les femmes</u> <u>sortiront</u> ce soir.
nom — verbe
sujet pluriel — 3e pers. pluriel

<u>Vous</u> <u>n'aurez</u> aucune difficulté à les reconnaître.
pronom — verbe
sujet — 2e pers. pl.
2e pers. pl.

489 Accord du verbe avec plusieurs sujets

Lorsque la phrase comporte plusieurs sujets coordonnés, le verbe se met au pluriel.

<u>L'âne</u> <u>et</u> <u>le chien</u> <u>marchaient</u> ensemble.
sujet — sujet — verbe 3e pers. pluriel

490 Accord du verbe avec des sujets de personnes différentes

Lorsque les sujets sont des personnes différentes, l'accord du verbe se fait de la façon suivante :

- 2ᵉ personne + 3ᵉ personne : le verbe se met à la 2ᵉ personne du pluriel :

C'est Marie et toi qui marcherez derrière.
<small>sujet   sujet   verbe
3ᵉ pers. 2ᵉ pers.   2ᵉ pers. pl.</small>

- Iʳᵉ personne + 2ᵉ ou 3ᵉ personne : le verbe se met à la Iʳᵉ personne du pluriel :

Leurs amis et moi souhaitions vous offrir ce cadeau.
<small>sujet   sujet   verbe
3ᵉ pers.   Iʳᵉ pers.   Iʳᵉ pers. pl.</small>

491 Accord du verbe avec sujet collectif *(une foule de…)*

Lorsque le sujet commence par *une foule de…, une troupe de…, une assemblée de…, une bande de…,* le verbe peut se mettre au singulier ou au pluriel. On utilisera le singulier pour indiquer que l'ensemble des personnes ou des objets est considéré comme un tout :

Une troupe de jeunes passait dans la rue.

On utilisera le pluriel si ce sont les différents objets ou personnes qui sont concernés :

Une multitude d'oiseaux se mirent à chanter.

492 Accord du verbe avec un sujet introduit par *beaucoup de…*

Si le sujet est introduit par *beaucoup de, la plupart de, bon nombre de, peu de,* etc., le verbe se met, en général, au pluriel :

Peu de gens savent la vérité.
La plupart des gens savent lire et écrire.

493 Accord du participe passé employé avec *être*

Pour les verbes qui forment leurs temps composés avec *être,* le participe passé s'accorde en genre et en nombre avec le sujet *(tomber, arriver, aller…).*

La petite fille est tombée de l'arbre.
<small>sujet nom fém. sing.   part. passé fém. sing.</small>

494 Accord du participe passé employé avec *avoir*

Pour les verbes qui forment leurs temps composés avec *avoir*, le participe passé ne s'accorde pas avec le sujet :

Les gens ont cueilli des champignons.
     sujet

Le participe passé s'accorde en genre et en nombre avec le COD si celui-ci est placé *avant* le verbe :

Cette assiette, je l'ai posée sur la table.
     fém. sing.   COD   fém. sing.

Ce sont les cartes que j'ai prises.
       fém. pl.   COD   fém. pluriel

REM

Si le COD est le pronom *en*, le participe passé reste invariable :

J'en ai vu, des violettes.
  COD

Le participe passé suivi d'un infinitif reste invariable si le pronom personnel qui le précède est COD de cet infinitif :

Cette enfant, je l'ai vu punir.

En revanche, le participe passé s'accorde avec le pronom personnel antéposé s'il est sujet de l'infinitif :

Cette enfant, je l'ai vue arriver en pleurs.

495 Accord du participe passé des verbes pronominaux

Les verbes pronominaux forment tous leurs temps composés avec *être*.

Je me suis coupé.
⊘ *Je m'ai coupé.*

Lorsque le pronom (*me, te, se*) est le complément d'objet direct du *verbe* (*se rencontrer, se baigner, se vendre, se sauver…*), le participe passé s'accorde en genre et en nombre avec le sujet.

Florence et Anne se sont baignées dans la rivière.
    suj. fém. pl.   COD   fém. pl.

Nos amis se sont rencontrés aux courses.
suj. masc. pl. COD   masc. pl.

Paul et Jacques se sont coupés.
     suj. masc. pl.   COD   masc. pl.

Lorsque le pronom est le complément d'objet indirect du verbe
(s'acheter, se faire mal, se dire...), le participe passé ne s'accorde
ni en genre ni en nombre avec le sujet.

Elle s'est dit des choses terribles.
suj.   COI   COD après le verbe

Sauf si un COD est placé avant le verbe.

Tu peux imaginer les choses que je me suis dites.
                     fém. pl.   COD   fém. pl.
                              avant le verbe   accord avec le COD

Ils se sont coupé la main.
suj. COI   COD après le verbe

496 Définitions

Il est utile de pouvoir représenter sous forme d'un schéma, d'un dessin, les relations qu'entretiennent les mots d'une phrase ; ce schéma permet d'un seul coup d'œil de prendre connaissance de l'organisation grammaticale de la phrase.

On parlera de *visualisation*, de *représentation schématique* ou *visuelle*, ou encore de *schématisation*.

La visualisation ne sera qu'un schéma. Les techniques de visualisation ne sont pas des instruments qui servent à analyser une phrase ; leur seule utilité est de rendre compte concrètement d'une analyse déjà faite.

Les procédures de visualisation sont multiples. Elles renvoient chacune à des modes d'analyse particuliers ; elles ont chacune leurs avantages et leurs inconvénients. Nous présenterons ici trois grands types de visualisation de l'analyse grammaticale : la représentation *en arbre*, la représentation *par emboîtements successifs*, la représentation *en cercles concentriques*.

REPRÉSENTATION EN ARBRE

497 Avantages de la représentation en arbre

La représentation en arbre permet de bien montrer le « découpage »
de la phrase en *groupe verbal* et *groupe nominal*.
Elle permet de voir que les compléments de phrase ne font pas partie
du groupe verbal, mais sont un constituant de la phrase.
Elle permet d'aller du « plus grand » au « plus petit », c'est-à-dire des groupes
aux mots qui les constituent.

498 Inconvénients de la représentation en arbre

La représentation en arbre est cependant parfois de lecture difficile ;
les mêmes symboles sont utilisés pour des groupes occupant des fonctions
différentes : ainsi un GN prép. (groupe nominal prépositionnel)
peut être complément circonstanciel, complément du nom ou complément
d'objet indirect.
La représentation en arbre rend mal compte des relations de subordination
à l'intérieur des groupes : les noyaux et les déterminants apparaissent
sur la même ligne.

499 Exemple I : GNS, GV

Analysons la phrase (P) :

Pierre voit Paula.

- *Pierre* : groupe nominal sujet (GNS).
- *voit Paula* : groupe verbal (GV) comprenant :
  - *voit* : verbe (V),
  - *Paula* : groupe nominal (GN) COD.

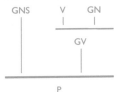

500 Exemple 2 : GNS (avec GN prépositionnel), GN

Le frère de Pierre voit Paula.

- *Le frère de Pierre* : groupe nominal sujet (GNS) qui se décompose en :
  - *Le* : déterminant de *frère* (D),
  - *frère* : nom (N),
  - *de Pierre* : groupe nominal prépositionnel (GN prép.), complément du nom *frère*.
- *voit Paula* : groupe verbal (GV) comprenant :
  - *voit* : verbe (V),
  - *Paula* : groupe nominal (GN) COD.

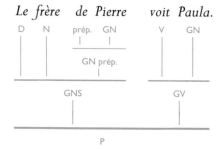

501 Exemple 3 : GNS (avec GN prépositionnel),
GV (avec GN prépositionnel)

Le frère de Pierre a donné un livre à Paula.

- *Le frère de Pierre* : groupe nominal sujet (GNS) qui se décompose en :
  - *Le* : déterminant (D),
  - *frère* : nom (N),
  - *de Pierre* : groupe nominal prépositionnel (GN prép.), complément du nom *frère*,
  - *de* : préposition,
  - *Pierre* : groupe nominal.
- *a donné un livre à Paula* : groupe verbal (GV) qui se décompose en :
  - *a donné* : verbe (V),
  - *un livre* : groupe nominal (GN) COD :
  - *un* : déterminant (D),
  - *livre* : nom (N),

– à Paula : groupe nominal prépositionnel (GN prép.), complément d'objet second (COS) :
– à : préposition,
– Paula : groupe nominal.

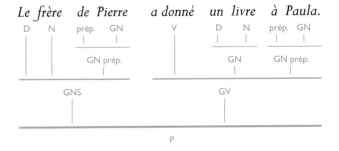

502 Exemple 4 : GNS, GV, GN prépositionnel

Paula a rencontré Pierre sur la plage.

- *Paula* : groupe nominal sujet (GNS).
- *a rencontré Pierre* : groupe verbal (GV) décomposé en :
  – *a rencontré* : verbe (V),
  – *Pierre* : groupe nominal complément d'objet direct (GN).
- *sur la plage* : groupe nominal prépositionnel (GN prép.), complément de phrase (→ paragraphes 190 à 192) ; se décompose en :
  – *sur* : préposition (prép.),
  – *la plage* : groupe nominal (GN) :
  – *la* : déterminant (D),
  – *plage* : nom (N).

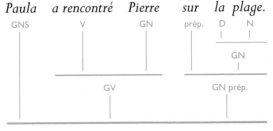

503 Avantages de la représentation par emboîtements

La représentation par emboîtements successifs a l'avantage de ne pas bouleverser la phrase. Les mots sont laissés dans l'ordre dans lequel ils apparaissent dans la phrase. Elle permet de bien distinguer deux grands groupes : le thème et le propos. Elle permet aussi de présenter la composition des groupes et les relations entre les mots qui les composent.

504 Inconvénients de la représentation par emboîtements

Il semble que parfois les différents niveaux d'emboîtements n'apparaissent pas de façon très claire ; on risque souvent de confondre les boîtes de dimensions différentes, et donc de confondre des degrés de relation différents.

505 Exemple I : thème, propos

Pierre voit Paula.

- *Pierre :* thème (ce dont on parle).
- *voit Paula :* propos (ce que l'on en dit) ; décomposé en :
- – *voit :* verbe,
- – *Paula :* COD.

506 Exemple 2 : thème (GN), propos (verbe, COD)

Le frère de Pierre voit Paula.

- *Le frère de Pierre :* thème (ce dont on parle) ; composé de :
- – *Le frère :* noyau du groupe :
- – *Le :* déterminant,
- – *frère :* nom,
- – *de Pierre :* complément du nom *frère.*
- *voit Paula :* propos (ce que l'on en dit).

507 Exemple 3 : thème (GN), propos (verbe, COD, GS)

Le frère de Pierre a donné un livre à Paula.

- *Le frère de Pierre :* thème.
- *a donné un livre à Paula :* propos ; se décompose en :
  - *a donné :* verbe,
  - *un livre :* complément d'objet direct :
  - *un :* déterminant,
  - *livre :* nom,
  - *à Paula :* complément d'objet second.

508 Exemple 4 : thème (nom), propos (verbe, CC)

Paula a rencontré Pierre sur la plage.

- *Paula :* thème.
- *a rencontré Pierre sur la plage :* propos ; décomposé en :
  - *Pierre :* complément d'objet direct,
  - *sur la plage :* complément circonstanciel :
  - *la :* déterminant,
  - *plage :* nom.

509 Avantages de la représentation en cercles

La représentation en cercles concentriques a l'intérêt de faire apparaître le *verbe* comme le *noyau* auquel se rattachent directement ou indirectement tous les mots de la phrase. Elle permet aussi de bien distinguer les *niveaux de relation* dans la phrase en présentant sur le même cercle les mots qui sont au même niveau. Elle met en évidence *le rôle des prépositions* qui sont des outils mettant en relation les mots d'une même phrase. Elle montre la cohérence des groupes fonctionnels (→ Groupes, paragraphes 241 à 243) ; tous les mots d'un même groupe fonctionnel sont en relation (directement ou indirectement) avec le noyau verbe central.

510 Inconvénients de la représentation en cercles

Elle a cependant le désavantage de ne pas présenter le « découpage » entre groupe nominal sujet et groupe verbal, ni entre le thème et le propos. Enfin, elle demande que l'on ait identifié soigneusement la fonction occupée par chaque mot de la phrase et son niveau.

511 Exemple 1

Pierre voit Paula.

- *voit* : noyau verbal (→ Verbe, paragraphe 455) ; il sera représenté au centre du cercle.
- *Pierre* : sujet ; se situe sur le cercle à gauche du verbe.
- *Paula* : complément d'objet direct ; se situe sur le cercle à droite du verbe.

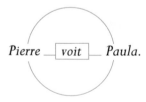

512 Exemple 2

Le frère de Pierre voit Paula.

- *frère* : sujet du verbe *voit*, est en relation directe avec le verbe et apparaît sur le premier cercle à gauche.

- *Pierre :* complément du nom *frère*, est relié à lui par la préposition *de* ; il n'est pas en relation directe avec le verbe et apparaît donc sur le deuxième cercle.
- *Le :* déterminant de *frère*, apparaît aussi sur le deuxième cercle ; il n'est pas en relation directe avec le verbe.

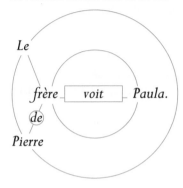

513 Exemple 3

Le frère de Pierre a donné un livre à Paula.

- *Le frère de Pierre* (voir ci-dessus).
- *a donné :* verbe, noyau central.
- *livre :* complément d'objet direct ; en relation directe avec le noyau verbal : apparaît sur le premier cercle à droite.
- *un :* déterminant de *livre*, n'est pas en relation directe avec le verbe et apparaît sur le second cercle, relié à *livre*.
- *Paula :* complément d'objet second, est relié directement au verbe par la préposition *à*. Il apparaît sur le premier cercle relié à un des coins du rectangle encadrant le verbe.

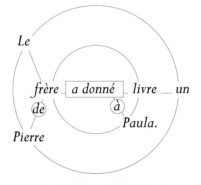

Paula a rencontré Pierre sur la plage.

- *a rencontré :* noyau central.
- *Paula :* sujet ; en relation directe avec le verbe ; situé sur le premier cercle à gauche.
- *Pierre :* complément d'objet direct ; en relation directe avec le verbe ; situé sur le premier cercle à droite.
- *plage :* complément circonstanciel ; directement relié au verbe par la préposition *sur* ; apparaît sur le premier cercle. Relié à un des coins du rectangle encadrant le verbe.
- *la :* déterminant de *plage* ; n'est pas directement relié au verbe ; apparaît sur le deuxième cercle.

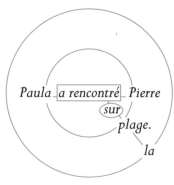

VOIX PASSIVE

515 Voix (ou construction) active et passive

La voix *passive* et la voix *active* représentent deux types différents de constructions de phrases. On peut cependant exprimer les mêmes idées en utilisant l'une ou l'autre.

Picasso a peint ce tableau en 1942.
Ce tableau a été peint par Picasso en 1942.

La transformation de la voix active à la voix passive permet d'exprimer la même idée avec une construction différente :

Nos amis construisent cette maison.
Cette maison est construite par nos amis.

Chacune de ces phrases nous permet de savoir que l'action *construire* est réalisée par les mêmes personnes : *nos amis.* Cette action de construire est exercée dans les deux phrases sur une même chose : *une maison.*

516 Voix passive : définition

La voix passive a pour principe de faire subir l'action au sujet au lieu de la lui faire accomplir. Le verbe est toujours conjugué avec l'auxiliaire *être.* On précise parfois qui fait l'action à l'aide d'un complément d'agent.

517 Transformation passive

Cependant, seuls les verbes qui peuvent recevoir un complément d'objet direct permettent l'emploi de la voix passive. Le passage de la voix active à la voix passive s'appelle transformation passive. Cette transformation se caractérise par des changements qui interviennent au niveau du verbe lui-même et au niveau des fonctions essentielles de la phrase : sujet et complément d'objet direct.

518 Modification des fonctions à la voix passive : sujet, objet et complément d'agent

Les mêmes mots, dans chaque phrase, n'ont pas les mêmes fonctions.
Le groupe qui, dans la phrase à la voix active, occupe la fonction de *sujet*, devient *complément d'agent* dans la phrase à la voix passive.
Le groupe, qui était *complément d'objet direct* dans la phrase à la voix active, devient *sujet* de la phrase à la voix passive.

Dans la première phrase, qui est à la *voix active* :

Nos amis construisent cette maison.

<small>sujet   verbe   COD</small>

nous constatons que :

– le groupe nominal *nos amis* occupe la fonction de sujet du verbe *construisent* ;

– le groupe nominal *cette maison* occupe la fonction d'objet du verbe *construisent*.

Dans la deuxième phrase, qui est à la *voix passive* :

Cette maison est construite par nos amis.

<small>sujet   verbe   complément d'agent</small>

nous constatons que :

– *nos amis*, précédé de la préposition *par*, occupe la fonction de complément d'agent du verbe *est construite* ;

– *Cette maison* occupe la fonction de sujet du verbe *est construite*.

519 Temps du verbe à la voix passive

Le verbe change de forme lorsque la phrase est construite à la voix passive. Si on met le verbe d'une phrase à la voix active à des temps différents, on constate que le verbe est toujours à la forme simple ; il n'est jamais accompagné de l'auxiliaire *être*.

Nos amis construisent cette maison.

<small>présent</small>

Nos amis construisaient cette maison.

<small>imparfait</small>

Nos amis construiront cette maison.

<small>futur</small>

Si on met le verbe d'une phrase à la voix passive et aux mêmes temps, on voit apparaître l'auxiliaire *être*.

Cette maison est construite par nos amis.

<small>présent</small>

Cette maison était construite par nos amis.

<small>imparfait</small>

Cette maison sera construite par nos amis.

<small>futur</small>

Quel que soit le temps du verbe, il est composé, dans la phrase construite à la voix passive, de l'auxiliaire *être* + *participe passé*. C'est l'auxiliaire *être* qui porte les marques du temps.

Il ne faut pas confondre :

Nous sommes arrivés.
Ils sont arrivés.
Vous êtes venus.

verbes utilisés à la *voix active* et dont les temps composés se forment avec l'auxiliaire *être* et le participe passé, et :

Nous sommes volés.
Nous sommes trompés.
Vous êtes pris.

verbes utilisés à la *voix passive*, au temps présent, et construits avec l'auxiliaire *être* et le participe passé.

En cas de doute, on peut procéder ainsi :

Nous <u>sommes volés</u>   *Nous <u>avons été volés</u>.*
    prés. passif   passé comp. passif

Nous sommes tombés   ⑦ *Nous avons été tombés.*

On reconnaîtra le verbe au présent passif par le fait qu'on peut le mettre au passé composé passif en utilisant l'auxiliaire *avoir* ; dans le cas de l'actif au passé composé, la chose est évidemment impossible.

520 Thème et propos à la voix active et à la voix passive
La transformation passive permet d'intervertir dans une phrase ce dont on parle et ce que l'on en dit.

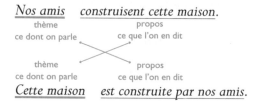

Dans la phrase à la voix active, on parle de *nos amis* et on dit à leur propos : *ils construisent cette maison.*

Dans la phrase à la voix passive, on parle de *cette maison* et on dit à son propos : *elle est construite par nos amis.*

Cette maison qui, à la voix active, faisait partie du propos (→ Sujet, paragraphe 428), c'est-à-dire de ce que l'on disait de quelqu'un, devient, à la voix passive, le thème, c'est-à-dire ce dont on parle. En revanche, *nos amis*, qui était présenté à la voix active comme le thème à propos duquel on allait donner des informations, fait, à la voix passive, partie du propos.

CONDITIONS D'EMPLOI DE LA VOIX PASSIVE

521 Règles pour une construction passive

Seuls les verbes qui acceptent un COD peuvent se mettre au passif.
En effet, la transformation de l'actif au passif exige que le COD de la phrase à la voix active devienne sujet de la phrase à la voix passive.
Il faut bien comprendre que la construction passive n'est pas simplement une transformation mécanique de la construction active : la voix passive permet de présenter comme thème du discours un personnage, un animal ou un objet (sujet) qui subit les conséquences d'une action dont le ou la responsable ne sont pas nécessairement identifiés (complément d'agent facultatif).

522 Cas où la transformation passive est impossible

La transformation passive n'est possible qu'avec des *verbes transitifs.*
On ne pourra utiliser la voix passive lorsque :
- le verbe de la phrase n'admet pas de complément d'objet :
c'est un *verbe intransitif (tomber, courir, nager, rire, etc.)* :

Les enfants jouent dans la cour.

Cette phrase ne peut être mise à la voix passive.

- le verbe de la phrase est construit avec un complément d'objet indirect :
parler de, penser à, croire en, etc. Une phrase comme :

Lise pensait à son dernier examen.

ne peut être transformée à la voix passive.

- Le groupe verbal est constitué d'une *copule* (→ Verbe, paragraphe 482) et d'un *attribut* :

Ma voisine est une brave femme.

Cette phrase ne peut être mise à la voix passive.

- Le verbe de la phrase est *avoir* ; ainsi, la phrase :

Ce type a un superbe chien.

ne peut être mise au passif.

523 Limites de l'utilisation de la transformation passive

Même lorsque le verbe de la phrase admet un complément d'objet direct, il y a des cas où la transformation passive n'est pas utilisée.

C'est le cas lorsque le sujet de la phrase active est un *pronom personnel.*

J'ai acheté la voiture de mes parents.

En principe, rien ne s'oppose à la transformation passive ; cependant, on ne dira généralement pas :

La voiture de mes parents a été achetée par moi.

Lorsque le complément d'objet direct de la phrase active est indéfini (présenté comme non connu), la transformation passive est difficile. À partir de :

Cette femme a acheté un cheval.

on obtiendrait :

Un cheval a été acheté par cette femme.

Cette phrase est improbable.

En revanche, si l'on précise de quel cheval il s'agit, la transformation passive devient plus facile :

Le cheval qui a gagné le derby a été acheté par cette femme.

524 Construction passive sans complément d'agent

De nombreuses constructions à la voix passive ne comportent pas
de complément d'agent. Cela se produit chaque fois que celui ou celle qui
parlent (ou écrivent) pensent qu'il n'est pas important de préciser qui fait
l'action.

La maison a été bâtie en 1952.
(Peu importe par qui.)

La jupe est portée courte cette année.
(Inutile de préciser qui la porte.)

*Seront admis tous les candidats qui auront répondu aux vingt
questions.*

525 Tournures équivalentes à la voix passive sans complément d'agent

Lorsque la phrase passive ne comporte pas de complément d'agent,
on peut lui substituer :

une phrase active avec pour sujet *on* :

On a bâti la maison en 1952.
*On admettra tous les candidats qui auront répondu aux vingt
questions.*

une phrase à la tournure pronominale :

La jupe se porte courte cette année.

VOIX PRONOMINALE

IDENTIFICATION DE LA VOIX PRONOMINALE

526 Construction de la voix pronominale

On parle soit de *voix*, soit de *tournure* pronominale. La voix pronominale se caractérise par le fait que le verbe de la phrase est accompagné d'un pronom personnel réfléchi intercalé entre le sujet et le verbe.

Les enfants se sont promenés pendant des heures.

527 Rôle de la voix pronominale

La voix pronominale permet d'indiquer que l'action exprimée par le verbe ne s'exerce sur rien d'autre que sur le sujet lui-même.

Le matin, les oiseaux se baignaient dans la fontaine.

Le sujet joue à la fois le rôle d'agent et le rôle de patient.

528 Sujet et agent de l'action

La voix pronominale permet d'indiquer que la personne (ou la chose) qui réalise une action la subit en même temps :

L'homme s'habilla avec soin.
(L'homme n'habille personne d'autre que lui-même.)

L'homme se dit qu'il avait du temps.
(L'homme ne s'adresse à personne d'autre qu'à lui.)

L'homme se lava les mains.
(L'homme ne lave les mains de personne d'autre que lui-même.)

529 Emploi des pronoms réfléchis

Dans les phrases construites à la voix pronominale, le verbe est accompagné d'un pronom réfléchi de même personne que le sujet. Ce pronom est intercalé entre le sujet et le verbe. Les pronoms réfléchis sont les mêmes que les pronoms personnels compléments sauf à la troisième personne où ils présentent une forme particulière :

	PRONOMS PERSONNELS COMPLÉMENTS		PRONOMS RÉFLÉCHIS	
	SINGULIER	PLURIEL	SINGULIER	PLURIEL
1re pers.	il *me* dit	elle *nous* dit	je *me* dis	nous *nous* disons
2e pers.	elle *te* dit	il *vous* dit	tu *te* dis	vous *vous* dites
3e pers.	on *lui* dit	on *leur* dit	il *se* dit	elles *se* disent

530 Valeurs de la voix pronominale

On utilise la voix pronominale chaque fois que l'on veut indiquer que le sujet peut être tantôt auteur et tantôt objet de l'action (soit l'un et l'autre à la fois), parce que deux sujets sont alternativement agent et patient (*ils se battent*), ou bien parce que le sujet exerce l'action sur lui-même, ou bien encore parce que le sujet se contente de subir l'action.

531 Emploi réfléchi

Le sujet subit l'action qu'il réalise.

L'enfant se jeta dans la rivière.

Cette utilisation est appelée *réfléchie* car le sujet renvoie l'action du verbe sur lui-même comme un miroir.

532 Emploi réciproque

L'action est exercée de façon réciproque.

Lorsque l'on a plusieurs acteurs, la voix pronominale indique qu'ils exercent l'action l'un sur l'autre ou les uns sur les autres.

Le Français et l'Américaine se sont longtemps entretenus.
Les deux ours se sont battus jusqu'à l'épuisement.
Elles se sont rencontrées par hasard sur le pont.

Cette utilisation est dite *réciproque*.

533 Emploi à valeur passive

On utilise alors la voix pronominale lorsque l'on ne veut pas exprimer le complément d'agent.

Les pâtes se mangent fermes (= sont mangées).

534 Verbes essentiellement pronominaux

Certains verbes sont toujours construits avec le pronom réfléchi : *s'emparer, s'évader, s'enfuir, s'évanouir*, etc.

Le perroquet s'est évadé par la fenêtre.
La jeune fille s'esclaffa en l'apercevant.

ACCORD DES VERBES PRONOMINAUX AUX TEMPS COMPOSÉS

535 Formation des temps composés des verbes pronominaux

Les verbes pronominaux forment tous leurs temps composés avec l'auxiliaire *être*. On doit dire :

Je me suis trompé.

et non :

⊘ *Je m'ai trompé.*

536 Accord avec un pronom réfléchi COD

Lorsque le pronom réfléchi est le complément d'objet direct du verbe (*se rencontrer, se baigner, se vendre…*), le participe passé s'accorde en genre et en nombre avec le sujet.

Catherine et Vanessa se sont baignées dans la rivière.
fém. pl.   COD   fém. pl.

Laurent, Bruno et Jean-Baptiste se sont retrouvés au café.
masc. pl.   COD   masc. pl.

537 Accord avec un pronom réfléchi COI

Lorsque le pronom réfléchi est le complément d'objet indirect du verbe (*s'acheter, se faire mal, se dire*, etc.), le participe passé ne s'accorde ni en genre ni en nombre avec le sujet :

Muriel s'est fait mal.   *Muriel s'est lavé les mains.*
COI   COI

En revanche, le participe passé s'accordera avec le complément d'objet direct si ce dernier est placé avant le verbe :

Tu ne peux imaginer les choses que je me suis dites.
fém. pl.   COD   fém. pl.

Les numéros renvoient aux numéros
des paragraphes.

Les renvois signalés en majuscules concernent
des chapitres entiers de l'ouvrage. Exemple :
accord
→ ACCORD .... 1 à 16

Les renvois à une entrée de l'index sont indiqués
en rouge et en italique. Exemple :
adjectifs indéfinis
→ *accord des adjectifs indéfinis*

Abréviations utilisées

Adj.	adjectif
Art.	article
Comp.	complément
Circ.	circonstanciel
GN	groupe nominal (groupe du nom)
GN prép.	groupe nominal prépositionnel (groupe prépositionnel)
GNS	groupe nominal sujet (groupe du nom sujet)
GV	groupe verbal (groupe du verbe)
Part.	participe
Prop.	proposition
Sub.	subordonnée

INDEX

h, i

j

l

q, r

Cet ouvrage est composé en Gill Sans et en *Perpetua*.
Le Gill Sans est un caractère «bâton»; son dessin associe la simplicité
des formes géométriques à une vivacité du trait
qui rend sa lecture fluide et agréable.
Il est utilisé pour le texte courant, pour énoncer «la règle»
et pour la commenter.

ABCDEFGHIJKLMNOPQRSTUVWXYZ
abcdefghijklmnopqrstuvwxyz

ABCDEFGHIJKLMNOPQRSTUVWXYZ
abcdefghijklmnopqrstuvwxyz

Le *Perpetua* est un caractère «à empattement»; son italique, raffiné,
rappelle l'écriture et la littérature.
Il est utilisé pour les exemples et dans les listes.

ABCDEFGHIJKLMNOPQRSTUVWXYZ
abcdefghijklmnopqrstuvwxyz

ABCDEFGHIJKLMNOPQRSTUVWXYZ
abcdefghijklmnopqrstuvwxyz

Ces deux caractères, bien que très différents, furent créés
par le même dessinateur, Éric Gill, dans les années 20.
Ils se complètent ainsi grâce à certaines caractéristiques
communes dues à la main de leur créateur.

Conception graphique et réalisation :
c-album — Laurent Ungerer, Jean-Baptiste Taisne, Muriel Bertrand, Bruno Charzat
Maquette de couverture : Marc Roberge
Flashage : Touraine Compo

Les Éditions Hurtubise HMH bénéficient du soutien du Gouvernement du Canada par l'entremise
du Programme d'aide au développement de l'industrie de l'édition (PADIÉ).

Imprimé en France par I.M.E. - 25110 Baume-les-Dames
Dépôt légal n° 18714 - Janvier 2003 - N° imprimeur : 16489